浙江越秀外国语学院出版基金资助

基于国际中文学习的形容词释义模式研究

周学芳 著

图书在版编目（CIP）数据

基于国际中文学习的形容词释义模式研究 / 周学芳著. -- 北京 : 中国原子能出版社, 2025. 4. -- ISBN 978-7-5221-4081-0

Ⅰ. H195.3

中国国家版本馆 CIP 数据核字第 2025D6Z372 号

基于国际中文学习的形容词释义模式研究

出版发行 中国原子能出版社（北京市海淀区阜成路 43 号　100048）
责任编辑 白皎玮　陈佳艺
装帧设计 邢　锐
责任校对 刘　铭
责任印制 赵　明
印　　刷 河北宝昌佳彩印刷有限公司
经　　销 全国新华书店
开　　本 787 mm×1092 mm　1/16
印　　张 13.75
字　　数 200 千字
版　　次 2025 年 4 月第 1 版　2025 年 4 月第 1 次印刷
书　　号 ISBN 978-7-5221-4081-0　　**定　价** **86.00 元**

前　言

释义是词典编纂的核心和灵魂，词典质量的高低很大程度上取决于释义的质量。单音节形容词是现代汉语形容词的重要组成部分，在词典编撰中占据着非常重要的地位。

本书以《现代汉语频率词典》《现代汉语分类词典》为依据，在新汉语水平考试（HSK）六级词汇（5 000 词）中选取“宽”“窄”“软”“硬”“紧”“松”“重”“轻”“好”“坏”“苦”“甜”“贫”“安”共 7 类 14 个单音节形容词作为研究对象，先构建单字平衡语料库，然后在语料分析的基础上，以《现代汉语词典》为蓝本，以《现代汉语规范词典》《现代汉语学习词典》《牛津高阶英语学习词典》《柯林斯高阶英语学习词典》和《朗文当代高级英语辞典》为参考词典，探索了基于物性结构和论元结构理论的现代汉语单音节形容词义项划分和义项描写的方法，力图提高形容词义项描写的准确性与系统性，帮助语言学习者能够更好地学习和使用形容词，同时尝试运用生成词库理论优化形容词教学实践。

第一章阐明了本书的选题依据、研究对象，综述单音节形容词研究现状，以及在英汉词典中释义的发展趋势，同时介绍了研究的理论基础、研究方法及语料来源。

第二章至第九章结合语料库技术、物性结构和论元结构理论，对 14 个现代汉语单音节形容词的义项进行了重新划分和重新描写。具体内容如下。

第二章系统性地介绍建立单字平衡语料库的方法和实施路径，主要介绍了语料的抽取、语料库的建立和语料的标注方法；总体上介绍物性角色对形容词性义项释义的作用和论元结构对动词性义项释义的作用。本书一共涉及 7 种物性角色，即形式角色、构成角色、施成角色、功用角色、评价角色、单位角色、定位角色，以及 2 类论元，即必有论元和非必有论元。

第三章至第九章通过建立平衡语料库，以物性结构和论元结构理论为指导，在《现代汉语词典》（第 7 版）已有释义的基础上对 14 个单音节形容词的义项分布和释义做了重新划分、重新描写，并且将重新划分和描写后的义项与《现代汉语词典》原义项进行了对比，一共增补了 52 个义项。

第十章以“苦/甜”为例，对单音节形容词各个义项之间衍生关系进行了详细的说明并运用物性结构理论解析了单音节形容词的多义性，阐明运用语料库技术和物性结构理论可以更好地提升形容词释义的系统性、准确性和科学性。

第十一章指出二语习得者在单音节形容词学习过程中存在的问题，归纳形容词的习得难点，以“重”为例，对留学生在学习过程中容易发生的偏误进行分类，并找出偏误产生的原因，通过对偏误分析和归纳试图找出形容词释义优化对形容词教学相对合适和可能的建议。

结语对本书的主要内容及研究结果进行总结，同时也指出本书的不足之处以及对未来研究的展望。

目　录

第一章　绪　论

一、研究背景

释义是词典的核心工作，提高词语释义质量是词典编纂的重要工作。现代汉语中的形容词多为语义复杂的多义词，但在词典编纂过程中，常见的多义词在义项方面常常存在漏收现象，部分义项描述仍旧采用以词释词的传统释义方式，义项的划分和描写也尚未形成统一的观点，不利于汉语二语学习者对词项的理解和运用。

在现代汉语中，单双音节形容词是形容词的下位范畴，其中，双音节形容词所占的比重明显较大，但是从实践层次来看，单音节形容词相较双音节形容词的历史更为久远，是现代汉语形容词不可忽略的组成部分。大部分单音节形容词主要用来表示人或事物的性质，在形态特征上表现出来的是性质形容词，状态形容词大多数是由性质形容词派生而来。从留学生二语习得的角度来看，只有先学习和掌握单音节形容词之后，才能不断扩展习得新词。因此，汉语水平考试（HSK）六级基础词汇中的单音节形容词对于留学生整体理解和习得形容词具有非常关键的作用。

一般来说，单音节形容词通常处于名词前，与名词构成限制性的语义相关，经常用来给人或事物进行分类，属于典型的属性形容词。生成词库认为形容词语义类型和与其修饰的名词的语义类型紧密相关，具体说来就是形容词之所以能衍生出多个义项，其实质上是在形容词与名词的组合过程中，名词赋予了形容词不同的物性角色，使得形容词在与不同类型的名词搭配时呈现出了不同的语义。因此，形容词各义项的搭配主体所具有的语义特征是义项解释的主要依据。例如，当“甜”与“瓜、饮料、食品、羹、言语、歌儿”等名词对象搭配时，“甜”修饰“瓜、饮料、食品、羹”等食物的味觉属性，因此，“甜”产生了“像糖和蜜的味道”的语义；而当“甜”修饰“言语、歌儿”等抽象名词时，“甜”修饰“言语、歌儿”的内容和效用，于是“甜”就会产生“语言和顺，让人听了舒服”的语义。

迄今为止，有关单音节形容词释义研究的内容相对较少，大部分释义研究围绕名词、动词和形容词展开，较多依然停留在传统释义阶段，汉语学界对词典中单音节形容词的释义还没有从单音节形容词义项搭配主体的语义特征角度进行全面描写和分析的研究。因此，本书试图借助生成词库理论发现目前辞书中单音节形容词释义方面存在的问题，尽可能地改进单音节形容词释义中仍存在的一些不足和问题，以提高形容词释义质量，优化词典释义。

二、研究对象

（一）单音形容词的选取

外向型汉语学习词典是供母语非汉语者使用的工具书，是对外汉语词典被认为是对外汉语教学中与教师、教材并列的三大支柱之一。单音节形容词是 HSK 的基础词汇，在口语中出现的频率很高，对二语习得者听、说、读、写、扩展词汇量、培养语感等方面都有重要的作用。同时，HSK 考试大纲中的词类选择处于可控的范围内，便于检索和统计，有助于从第二语言习得的角度考虑问题。所以本书选取 HSK 六级考试大纲中的单音节形容词释义作为研究对象。

根据统计，新 HSK 六级词汇（5 000 词）中单音节词的数量并不多，共计 672 个单音节词，占比 13.44%，其中单音节形容词只有 126 个，占全部词汇的 2.52%。现将新 HSK 六级汉语水平考试词汇（5 000 词）中 126 个单音节形容词统计如下：

矮、白、暗、棒、饱、薄、背、扁、笨、憋、草、菜、差、吵、馋、趁、臭、长、丑、次、呆、大、淡、得、到、低、短、逗、对、多、方、饿、富、盖、和、红、黑、高、乖、贵、好、横、厚、坏、紧、久、黄、火、旧、近、快、渴、苦、宽、困、懒、烂、辣、蓝、老、亮、累、冷、零、假、乱、满、忙、毛、慢、难、能、浓、嫩、派、平、坡、胖、泼、浅、青、破、轻、晴、弱、穷、热、软、傻、瘦、少、深、是、帅、烫、死、酸、碎、疼、秃、甜、弯、咸、真、歪、小、香、窄、斜、腥、新、行、早、痒、晚、硬、远、晕、圆、贼、长、脏、紫、直、正、重。

本书拟从第二语言学习者的角度，以新 HSK 六级汉语考试水平词汇（5 000 词）里的 126 个单音节形容词为对象。

结合《现代汉语分类词典》中“性质与状态”类中“一形貌、二知觉、三性状、四性质、五才品、六味觉、七情状”7 大类，在情状类中各选取 2 个单音节形容词，共挑选出 7 组 14 个单音节情状类形容词作为研究对象，分别为：“宽”“窄”“软”“硬”“紧”“松”“重”“轻”“好”“坏”“苦”“甜”“贫”“安”。所选 14 个单音节形容词使用频率见表 1-1。

表 1-1 所选 14 个单音节形容词使用频率

单音节形容词	词次	频率	使用度	排序	累积词次
宽	120	0.009 13	96	1 445	1 027 395
窄	30	0.002 28	20	4 064	1 180 765
软	75	0.005 71	59	2 048	1 084 708

续表

单音节形容词	词次	频率	使用度	排序	累积词次
硬	124	0.009 43	100	1 400	1 021 899
紧	432	0.032 87	331	419	799 064
松	62	0.004 72	44	2 424	1 110 371
重	262	0.019 93	213	719	899 439
轻	397	0.030 20	313	460	816 007
好	4 026	0.306 30	3 104	40	415 205
坏	340	0.025 87	268	545	847 582
苦	190	0.014 46	136	990	959 350
甜	48	0.003 65	37	2 903	1 136 669
贫	13	0.000 99	10	6 314	1 228 765
安	63	0.004 79	49	2 297	1 101 973

（二）研究内容

本书的研究内容主要包括以下两个方面。

1. 现代汉语单音形容词的释义内容

首先，主要通过义项划分和义项描写两个方面完善单音形容词的释义内容。以形容词性义项为例，形容词的义项划分常由所形容的词语决定。本书以语料库中的大量语例为研究对象，基于例句中形容词的主体论元，逐个对其所激活的主体论元的物性角色展开分析，重新划分描写单音节多义形容词的各个义项，归纳整理形容词各义项的分布与描写情况，对现代汉语词典中一些划分不合适的义项重新进行恰当的划分，对缺失遗漏的义项进行查补，运用描述性话语释义对个别义项进行重新描写。

2. 现代汉语单音形容词多义词各义项衍生方式及义项之间的认知关联

结合生成词库理论，分析各形容词义项衍生方式，在各义项的衍生过程中探析义项之间的经验相关性及词义的认知关联。生成词库理论在之前的语言学理论基础上有所继承和发展并创立了自己特有的语言解释体系。生成词库理论立足于语境实现，阐释了词汇语义的生成问题，它为形容词多义性和歧义问题提供了新的视角和方法。

综上，本书以认知语言学理论为指导，结合物性结构和论元结构理论，利用语料库方法，选取 14 个常用单音节形容词作为研究对象，在英语词典视角下及已有词典释义的基础上，试图探讨 14 个单音节形容词各义项与搭配主体的物性结构与论元结构及其语义关联，揭示各个形容词义项之间的衍生机制，把握以词释词向描述性话语转变的整体释义趋势，对所选 14 个单音节形容词各义项重新划分，运用更加准确的描写释义方法总结现代汉语单音节形容词释义模式，以期为对外汉语学习词典单音形容词的释义修订提供参考，提高对外汉语教学中单音形容词释义的有效性、易读性。

三、研究现状

（一）形容词释义模式的相关研究

关于单音节形容词释义的单独研究目前很少，往往是穿插在对形容词释义的研究之中，符准青基于《现代汉语词典》对表性状词的释义模式较早地进行了归纳分类，整理出四种类型的释义模式："……的"式；"形容……"式；准定义式、定义式、"（适应对象）+性状的说明描写"式。

谭景春指出由名词转变来的形容词释义的 4 种方法：概括法、内在性质义提取法、动词添补法、附加性质义提取法，并用实例对这四种释义方法进行了检验。

李尔钢指出了传统辞书中形容词释义存在的问题，同时提出现代语文辞书形容词释义的形式，大致分为 5 种："形容（+适用对象）+性状描写+的+样子""（适用对象+）性状描写+的+样子""形容+（适用对象+）性状描写""（适用对象+）性状描写+的""（适用对象+）性状描写"。

王婷婷依据形容词"四分法"（增度词、性状词、区别词、增饰词），在

“（适用对象）+词干基本义”总的释义模式的基础上构建了4种基本释义模式。

翁晓玲以《现代汉语词典》（第5版）中5 579条形容词释义为研究对象进行分析，从形容词的释义提示语和释义结构对其释义进行了整体上的归纳，建构了“参文互义”“……的样子”和“语词对释”3种形容词释义模式。

冯文博基于联合型形容词释义句法语义结构规则，以《现代汉语词典》（第5版）为研究对象，对各类释义模式的数量和频率进行统计分析，结合例证分析归纳了3种释义类型：词语对释、短语释义和语句释义，并解释了各模式的适用范围以及释义状况。

朱翠萍基于《现代汉语词典》《现代汉语规范词典》《现代汉语八百词》3部词典对状态形容词在词典中的释义状况进行了研究。朱翠萍尝试用感情色彩和语体色彩对语言色彩标准做了区分；同时运用“形容”“比喻”和“样子”释义指示语。

应雨田强调词典释义中应当注意词性的和谐统一。在词典释义过程中，应当考虑被释词的词性特征，采用的释义词应当与被释词的词性特征保持一致。

各学者对释义方式的分类进一步细化了符淮青等人对形容词释义模式的研究，在他们的研究中也对《现代汉语词典》（简称《现汉》）的释义提出了一些修改建议，力图达到释义的系统、经济、简明的原则。王恩旭、郭智辉指出释义方法大体经历了随文释义、同义词释义、“属+种差”释义、整句释义、模板释义5个阶段。我们将这五个阶段的释义方法归纳为“以词释词”和“描述性话语释义”2类。“以词释词”包括同义对释、反义对释、分释义素、二三词组合释义、限制性对释等，通常是使用意义相同或相近的词语来解释被释词；而“描述性话语释义”的方式则是采取具体描写、说明、下定义或譬况的方式来描述词义，通常在形式上表现为运用短语释义或运用句子释义，模板释义是指在描述性话语的基础上，一类词尽量使用同一个模板释义，在释义过程中保持特征一致，是描述性话语释义的升华。

（二）现代汉语单音节形容词语义的相关研究

对现代汉语单音节形容词的研究最初主要集中在语法方面，20 世纪 90 年代以来，语义研究也日益繁荣，有关形容词语义研究的论著数量逐渐增多，之后语义渐渐引入语法研究，与语法研究相结合。

任永军以“深、浅”“大、小”“宽、窄”“长、短”“厚、簿”“高、低”“粗、细”这 7 组空间类单音节形容词为研究对象，以认知语言学理论为指导，运用认知主义观点与方法对现代汉语空间维度词进行划分，并从认知语义的角度对这 7 组空间维度词进行了研究，较为详细地分析解释了这 7 组词在始源域中在的实指义和在目标域中的隐喻义，以及抽象概念的差别。

吴颖以单音节时间形容词、颜色形容词、度量形容词 3 类不同单音节形容词“早”“晚”“白”“红”“高”“低”“矮”为研究对象，基于内涵逻辑语义理论，从单音节形容词语义结构角度出发，运用训诂学知识全面考察和分析，初步建立了 3 类不同形容词的语义结构分析模型。

王启龙参考《用法词典》，对收录的 2 110 个汉语形容词进行多义项的划分，并对其中 322 个单音节形容词义项进行了详细的分义项解释。

李泉运用认知语言学原型理论，重点研究了 388 个单音节形容词涉及的各个语法点、句类、构式和句子格式。

胡苏将单音节反义结构的形容词分为 3 类：矛盾关系，反对关系，以及加“不”来进行否定的单音节形容词，通过这种反义现象分析讨论了这些词汇的语义形成途径和方式，归纳了这些词的结构特点、语法功能和语义研究。

赵允敬以《汉语形容词用法词典》所载的 163 个单音节形容词为蓝本，选取其中 162 个单音节形容词，运用认知语义理论区分、描写现代汉语单音节形容词词义，并从隐喻映射角度分析了单音节形容词词义间的映射关系。

此外还有一些历史维度的研究。王亚静以 30 个单音节形容词为研究对象，运用数据统计和问卷调查的方法，从 30 个单音节形容词词性与常用词义的发展变化的角度入手，探索其发展变化原因及其规律。张斌从历时和共时角度出发，以单音节动态形容词为研究对象，运用语言学理论深入探讨单音节形容词动态性成因并运用数据统计展示其量幅表现。姚乃嘉以 7 个单音节垂直向空间维度形容词为例，借助语料库探究了单音节反义形容词语义的历史演变及其对称性情况。宋晖以 19 对单音节反义形容词进行了较为全面的考察和理论分析，对关于单音节反义形容词的对称和不对称问题的认知假设及其补充原则进行了验证。

（三）与汉语国际教育相结合的单音节形容词研究

到目前为止，结合汉语国际教育的单音节形容词研究总量较少，从对外汉语教学角度出发的形容词研究大多都集中于留学生习得偏误方面，随着研究角度更加趋向于精细化，相信与汉语国际教育结合的形容词研究也将会日益增多。

侧重形容词本身用法习得偏误的研究如下。马云静从单音节形容词的语法特征和句法功能角度入手，运用问卷调查法，对留学生单音节形容词习得偏误问题深入分析探讨，归纳其产生的原因，并提出了相应的形容词优化教学策略建议。王海艳、马云静从留学生偏误产生的 3 个方面入手，考察分析对外汉语教学中单音节形容词本身习得偏误的现象，对留学生在单音节形容词与词语有关的偏误现象进行了总结和归类。

侧重某类形容词习得偏误的研究如下。温馨以新 HSK 六级大纲为研究对象，提取了性质形容词，探讨辨析近义性质形容词应该遵循的原则和技巧，指出了对外汉语教学过程中相应的对策。刘振平以做状语和补语的单音形容词为研究对象，归纳分析留学生常见的习得偏误并针对这些偏误提出针对性的教学方案。王勉之基于语料库中的偏误句，以甲级双音节形容词为研究对象，更好地了解和分析了形容词教学中的偏误原因和偏误类型。钟佑莉基于 HSK 动态语料库选取常用 37 个一级单音节形容词进行偏误考查并探究偏误背后的原因，提出相应的教学建议。

侧重某国留学生单音节形容词习得偏误的研究如下。刘鸿雁以 HSK 语料库的例句为考察对象，专门考察了日本留学生在单音节形容词习得过程中的偏误情况，总结和分析了偏误产生的原因，提出了比较有针对性的教学策略。孙慧莉、慕田子从单音节形容词与名词搭配使用的偏误情况入手，以初级水平韩国留学生作文语料库为考察分析对象，总结并提出相应的形容词教学措施。亚瑟以阿拉伯留学生为例，对单音节形容词多义性与习得偏误情况进行了分类并提出合适可行的建议。

以上都从不同的方面对二语习得过程中的单音节形容词教学做了研究，尽管与国际汉语教学相结合的形容词释义研究相对较少，但对形容词偏误的分析归纳与形容词偏误教学方面的合理建议值得借鉴。

（四）生成词库下的汉语释义研究

20 世纪 90 年代，美国布兰代斯大学 Pustejovsky 提出生成词库理论。该理论主要思想渊源于古希腊时期亚里士多德的“四因”说。生成词库引入汉语研究时间不长，但越来越受到学界的重视。以中国知网（CNKI）为例，输入主题“生成词库”检索发现，研究成果一直呈递增趋势：2008 年（1 篇）、2009 年（2 篇）、2010 年（1 篇）、2011 年（1 篇）、2012 年（3 篇）、2013 年（5 篇）、2014 年（9 篇）、2015 年（4 篇）、2016 年（9 篇）、2017 年（11 篇）、2018 年（10 篇）、2020 年（7 篇）、2021 年（9 篇）、2022 年（12 篇）。可见，运用生成词库理论进行汉语研究的论文数量逐年增长并受到越来越多的关注。

张秀松第一次运用生成词库理论解释了汉语名词、动词等词类在特定语境中产生的逻辑多义现象。J.Pustejovsky、张秀松、张爱玲第一次详细介绍了生成词库论的基本主张、研究目标和理论框架。王健从生成词库的视角讨论了英语和汉语的差异问题，袁毓林提出用论元结构理论描写汉语动词、形容词等谓词的语义结构。

李强从生成词库论的视角研究了动词“读”“写”与名词的组合情况，并以动宾结构搭配为例，结合生成词库论说明动词对名词存在语义选择限制的现象，并且在生成词库理论的基础上，利用认知语义强迫机制和物性角色解释了转喻现象的相关问题。他多次将生成词库理与汉语研究相结合，得出了一系列令人瞩目的研究成果。

李强、袁毓林指出现在的词典释义存在的一些问题，尝试运用生成词库理论从物性角度对词典中的名词释义进行了研究，并从生成词库的视角描述和解释了名词的语义结构。魏雪，袁毓林利用生成词库理论中的物性角色方法，以规则的汉语名名组合为研究对象，构建了基于物性结构的名词语义自动释义模型并阐释了释义规律。

张念歆、宋作艳运用物性结构理论考察了现代汉语形名复合词的物性修饰关系，发现形语素有选择地约束名语素的不同物性角色，名词不同物性角色的分布和凸显对形容词释义产生影响。

宋作艳运用生成词库理论中的功用角色对名词词义和构词进行系统性的分析，证明功用义是一种重要的语义特征，在义项划分、同义词辨析和词典释义中起着重要作用。并基于生成词库理论和轻动词假设，利用现代汉语语料库和英汉双语语料库全面考察修正了现代汉语中的事件强迫现象。

王恩旭和袁毓林通过分析“颜+名”复合词的物性角色分布，分析形容词的语义结构，力图构建形容词的释义模板。

王恩旭介绍了生成词库包含词汇类结构、论元结构、事件结构、物性结构的四级词义结构体系，运用物性链接将每个词与其他词乃至整个词汇体系紧密相连，并运用生成词库理论解决了词汇在上下文中语义生成的问题。

李芳棋通过分析和重新排列动物词的物性角色顺序，解释动物词的语义关联，力图构建动物词的释义模板。

总之，虽然国内外已经形成了一些基于物性结构的名词描写体系，而对于生成词库论、物性结构理论等应用方面的研究大多仍然停留在计算机语言学层面；涉及汉语词典释义方面的研究，也大多是针对形名复合词。用物性结构理论对汉语单音多义词进行系统描写与分析方面还缺乏丰富的实践数据，对名名复合词与动名复合词进行个案分析时，更是极度缺乏结合学习词典的研究。目前从对外汉语学习的角度来看，外向型汉语词典内化严重，缺乏适合二语习得者理解和学习的释义方式。

四、理论基础

（一）生成词库词汇表征体系

物性结构理论源于由美国布兰代斯大学 Pustejovsky 等所设立的生成词库理论，在生成词库理论中，词汇语义结构是由论元结构、事件结构、词汇类型结构和物性结构 4 个层面的语言知识体系构成，每一个词项都通过这四个层级的表征形式结构得以实现。其中，论元结构用来描写论元数量、类型及实现句法层面；事件结构用来描写动词语义中包括状态、过程、迁移等的事件信息；词汇类型结构展现词汇之间的语义联系，用来描写词项在类型系统中的位置及上下位关系。物性结构则是生成词库理论最为核心的内容，是一套构建词汇本体知识的描述体系，同时也是构建词义的基础，通过物性信息对语言进行语义约束性解读，用来描述名词的语义关系，展现了名词指称实体的百科知识，极大地丰富了名词的词义表征，为“语言知识和百科知识的表征提供了接口”。

物性结构为各种语义转换提供一种结构平台，在实际语言中，当一个名词与动词、名词、形容词等不同词类组合搭配与词义互动时，物性结构就会根据词语之间不同的句法和语义环境，通过不同的支配关系来调节形成更加丰富的组合意义，也就是说，各种词义的转换就是通过这个平台得以实现的。

生成词库理论主张一种动态词库生成观，认为词库是一个动态的词义集合，处于动态变化之中，一系列的组合机制让词汇在不同语境中展现出丰富的动态意义，根据上下文或其他因素的互动从而生成具体的“语境义”，即词义具有生成性。Pustejovsky 认为不同的语境可以赋予词汇不同的语义特征，说明词语在新语境下的新意义只不过是各种不同的组合机制所带来的语义效果，这种动态的词库观既可以为词汇具有实现为不同语义的潜在可能性特征提出解释，还可以反映出多义词各个义项之间的联系。生成词库理论的目标就是深入研究语境的现实情况并揭示词义的生成机制。

（二）生成词库语义生成机制

语义生成机制最初包括协调组合、类型逼迫、选择性约束等，后根据论元的选择改进为类型调节、纯粹类型选择和类型强迫。语义生成机制是利用激活选用词项（通常是名词）词汇表征中的物性信息来实现不同语义的潜在可能性特征，从而实现语义生成。生成词库理论如图 1-1 所示。

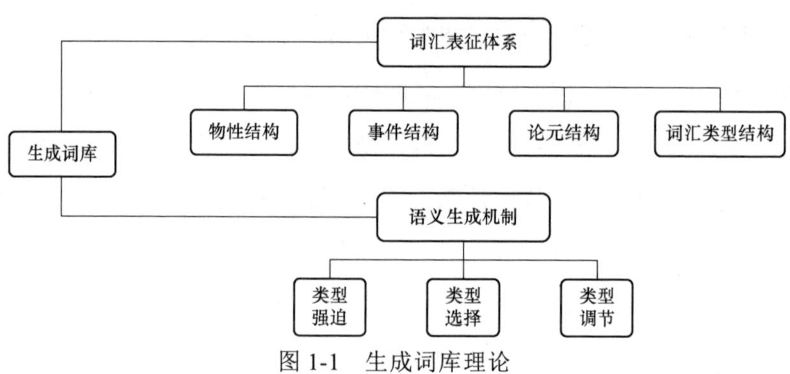

图 1-1　生成词库理论

五、研究方法

（一）量化与质化相结合

语料库被视为现代语言学的三种主要研究方法之一，已是一个具有极大能量的语言样本集。它不仅局限于对词汇进行统计和分析，为词汇学提供了一种全新的工具和方法，更符合大数据时代依托计算机数据库进行科学计量的方向。作者以北京大学 CCL 语料库为研究对象建立独立的平衡语料库，采用语料库的数据对各义项数据进行统计分析，获得所需问题的量化分析数据，增强语言研究的科学性和可靠性。认知主体的经验和主体感受在对语言意义的分析过程中都起着至关重要的作用。同时，经验性成分需要客观的、可验证的外部数据对任意性、零散性和非公理性进行有效的干预和纠偏。定性取舍要有量的依据，定性结果要有量的限制，只有将定量和定性相互参照，才能确保研究过程的可操作性和研究结果的可信度。

（二）描写与解释相结合

语言研究的理想状态就是在描写清楚语言现象的基础上再解释清楚。本书以《现代汉语词典》（第七版）（以下简称《现汉》）中形容词义项划分与描写为蓝本，运用物性结构与论元结构理论着重探讨现代汉语中所选形容词的义项分布情况，对义项进行科学地分合与增删，并根据释义的发展规律探究形容词新义项，根据形容词语义特征进行充分细致的描写，最后概括义项分布模式和释义模式。

要解释事实，先得知道有哪些事实需要解释。理论只能从事实中来，离开事实去追求理论是缘木求鱼。解释语言事实与描写语言事实实质上互为因果，相互推动，深度的解释能够促进描写的精细化，因此，描写与解释的有机统一能够促使语义研究的结论更加科学客观。

（三）比较法

本书以汉英中型语文词典作为比较对象，不同词典对同一词的释义不尽相同。通过对比不同词典的释义，观察不同词典释义所涉及的物性角色及论元结构，在比较中揭示汉英词典在释义上的异同。通过对比，可以提供一定参考，补全汉语词典中漏收的一部分义项。

六、语料来源

（一）参考词典的选取

曹先擢、晁继周评价《现代汉语词典》是我国第一部确定现代汉语规范的词典，是汉语辞书发展史上的一个里程碑，是第一部成功地用白话解释词语的词典。自问世以来，《现代汉语词典》已修订到第 7 版，是我国目前发行量最大、应用面最广，最具权威性的汉语中型语文词典。因此，本书在研究现代汉语单音节形容词释义时以《现汉》作为主要参考对象，在此基础上，综合比较国内外诸多优秀的语文词典中的形容词释义，以期达到扬长避短，优化释义的目的。本书选取的参考词典如下。

《现代汉语规范词典》（以下简称《现规》）是我国第一部以规范命名的规范型词典，目前已修订到第 3 版，其使用范围广泛、认可度高，对我国的语言规范化和语文教学产生了重大影响。作为中型语文词典，其规模和编纂理念与《现汉》基本一致，因此可以作为本书的参考词典，以提高释义的系统性。

《现代汉语学习词典》（简称《现学》）作为一部我国目前最具影响力的为语言学习者编纂的学习词典，结合国外读者学习汉语的需要，在区分词和语素、区分词性、建立词语的句型结构模式等总体设计上体现了学习词典的特点，吸取了其他语文工具书和语言著作的精华，是本书作为参考词典的唯一一部汉语学习词典。

李仕春指出“传统词典只注重揭示词的概念义，词目被视为语言的标本，词典的释义不与任何语境发生联系。学习词典则把词义描述为一组可能的意义特征，通过语词的用法规则说明语词潜在的语言或非语言环境，以最佳方式，从多角度、多层面来揭示词义。”

黄建华指出释义这种思维方式为全人类所有，而不同民族又表现出自己不同的特点。要是有人对中外词典的释义做系统的对比研究会发现一些富有启发性的东西。这种横向的对比研究，一定能开拓新的天地，不但能为不同民族的词典释义提供取长补短的有用材料，而且有助于了解不同民族的思维方式、心理特点、社会文化观点等。英语学习词典自20世纪40年代末出现到20世纪80年代兴盛，李仕春认为其释义注重应用语言学研究新成果，在处理语词各种意义成分方面有一整套实用的原则和方法，具有传统词典不可比拟的优越性，如今越来越多的语文词典的编纂向学习型词典靠近。尽管不同语言对同一词语的释义并不完全对应，但词典释义思维却是大家共有的，因此，对比不同语言词典的释义系统有其价值和意义。

因此，本书对比单音节形容词在汉英词典中的释义情况，参考《牛津高阶英语词典（第12版）（以下简称《牛高》），《柯林斯 COBUILD 高阶英语学习词典》（第9版）（以下简称《柯高》）和《朗文当代高级英语辞典》（第6版）（以下简称《朗高》），以优化释义的准确性。

综上，本书以《现汉》为蓝本，以《现规》、《现学》、《牛简》、《柯高》、《朗高》为参考，对比各词典中形容词的释义，以期系统优化现代汉语中形容词的释义。

（二）语料来源

本书建立的平衡语料库及其相关例句均来源于北京大学中国语言学研究中心现代汉语语料库（CCL 现代汉语语料库）。本书建立的语料库中共有4个层级的语料分类，首先分为现代汉语和古代汉语两大类别；其次，现代汉语语料包括现代和当代两大类。在第三级分类中，当代语料又细分出CWAC、口语、史传、应用文、报刊、文学、电视电影、相声小品、网络语料、翻译作品等十类，现代语料分为文学、戏剧两类；在第四级分类中又作了细分，应用文分为了中国政府白皮书、健康养生、法律文献、社会科学、自然科学、药方、菜谱、议论文、词典、说明书 10 类，报刊分为 1994 年报刊精选、人民日报、作家文摘、市场报、故事会、新华社、读书、读者、青年文摘 9 类，电视电影分为非文艺和文艺 2 类，翻译作品分为应用文和文学 2 类。截至 2022 年 8 月，该语料库共收录约 7.83 亿字，含现代汉语语料约 5.82 亿字，古代汉语语料约 2.02 亿字。

文中的偏误例句来源于 HSK 动态作文语料库和全球汉语中介语语料库。HSK 动态作文语料库是母语非汉语的外国人参加高等汉语水平考试（HSK 高等）作文考试的答卷语料库，收集了 1992—2005 年的部分外国考生的作文答卷，共收入语料 10 740 篇，约 400 万字，截至 2008 年 7 月，语料库 1.1 版语料总数达到 11 569 篇，共计 424 万字。

全球汉语中介语语料库（全球库），由北京语言大学崔希亮教授、张宝林教授主持。该语料库总规模 5 000 万字，含熟语料 2 200 万字，集笔语语料库、口语语料库、多模态语料库于一体。截至 2021 年 11 月 6 日，库存原始语料 2 367 万多字，多个层面的标注语料合计约 1.26 亿字。其中笔语标注语料 9 493 万多字，口语标注语料 1 955 万多字，供对比研究用的中学生汉语母语者的作文生语料 137 万字，视频标注语料 1 144 万多字。

第二章　形容词义项描写方法

义项划分与描写是词典释义的重点与难点，通过对语料库标注多义词词义是检验词典义项划分合理性和完备性的主要方式之一。语料库语言学主要研究机器可读的自然语言文本的采集、存储、检索、统计、词性和句法标注、句法语义分析，以及具有上述功能的语料库在语言定量分析、词典编纂、作品风格分析、自然语言理解和机器翻译等领域中的应用。王永庆指出："语料库语言学为语言研究提供了一个全新的思路和方法，例如，正是语料库语言学的发展，许多语言研究从规定性走向描写性，即语料库为语言现象的解释和阐述提供了一个重要的证据来源。"因此，首先科学地运用语料库获得尽可能多的语言材料，然后采用词性和义项标注实现语言定量分析；其次当发现已有的词典释义不能覆盖语料库中所有词语义项标注情况时，需要利用明确的理论方法支撑，对比各类词典中的释义，重新对义项进行增删与分合，从而在语言解释和阐述的过程中形成系统化的规则和方法。

第一节　建立单字平衡语料库并标注

据统计，本书选取的 14 个单音节形容词在 CCL 现代汉语语料库中共有

2 316 389 条语料。首先，为所选取的每个单音节形容词建立单字平衡语料库，为保证语料来源的均衡性，计算出 12 个三级分类中每类语料的抽取的平均数约为 833 条，将三级分类中少于或等于 833 条的语料全部抽取，共抽取出口语、CWAC、史传、应用文等 9 个三级分类中的 3 065 条语料，剩余需抽取的语料数为 6 935 条。其次，计算出剩余 3 个三级分类抽取的平均数约为 2 311 条，将少于或等于该平均数的翻译作品类语料全部抽取，剩余需抽取的语料数为 4 804 条。接着，计算出剩余 2 个三级分类抽取的平均数为 2 402 条。最后，在报刊和文学 2 个三级分类中，按照三级分类的计算方式，依次根据平均数的标准，计算出每个四级分类语料的抽取条数。参照李仕春在其研究中提到的“保证所取语料在量上具有充足性，同时还要保证所取语料的均衡性”，在同一类语料中还需注意分时段抽取。具体抽取类别见表 2-1。

表 2-1　语料抽样的三级分类

一级分类	二级分类	三级分类
当代	口语	—
	CWAC	—
	史传	—
	应用文	中国政府白皮书
		健康养生
		法律文献
		社会科学
		自然科学
		药方
		菜谱
		议论文
		词典
		说明书

续表

一级分类	二级分类	三级分类
当代	报刊	1994年报刊精选
		人民日报
		作家文摘
		市场报
		故事会
		新华社
		读书
		读者
		青年文摘
	文学	—
	电影电视	文艺
		非文艺
	相声小品	—
	网络语料	—
	翻译作品	应用文
		文学
现代	戏剧	—
	文学	—

最后，将抽取语料导入Access语料库，在语料库中依次设立“语料”“义项”“复字词”“专名”“备注”“语料分类”和“作者”7个栏目，如图2-1所示。

其中义项标注栏根据单音节词义项划分情况用数字来替代标注；复字词栏标注出语料中出现的双音节词、多音节词及各类短语；专名栏标注出专有名词；备注栏主要用于标识多音存在错字、病句等无法识别义项的语料；专名栏和备注栏中标识出的语料均计入无效语料。

义项	语料	复字词	专名	备注	语料类别	文章标题	作者
11	19:...会弃屋而逃		苦根		【文件名:\	文章标题	作者:】
9	19:...是公平的,				【文件名:\	文章标题	作者:】
9	19:...通规则并服				【文件名:\	文章标题	作者:】
9	19:...无耻地告诉	痛苦			【文件名:\	文章标题	作者:】
9	19:甲：对！上轿				【文件名:\	文章标题	作者:】
9	19:简单地说，灵	苦难			【文件名:\	文章标题	作者:俞平
2	19:她[苦]着一张				【文件名:\	文章标题	作者:】
9	190:　　——就算				【文件名:\	文章标题	作者:】
9	190:　　杨澜：这				【文件名:\	文章标题	作者:】
9	190:...惊人发现，				【文件名:\	文章标题	作者:】
9	190:...你这儿买！				【文件名:\	文章标题	作者:老
9	190:...心理变化，	愁苦			【文件名:\	文章标题	作者:】
9	190:... 一个个丰				【文件名:\	文章标题	作者:】
10	190:...已经指出，				【文件名:\	文章标题	作者:】
10	190:长安道：“功				【文件名:\	文章标题	作者:】
9	190:对抗不如对话				【文件名:\	文章标题	作者:】
11	1900:...特别出众		苦跌打		【文件名:\	文章标题	作者:】
9	1900:...真愿回家				【文件名:\	文章标题	作者:老
9	1900:快乐和痛[苦				【文件名:\	文章标题	作者:】

图 2-1 “苦”字 Access 语料库

第二节　物性角色对形容词性义项划分和描写的作用

宋作艳提出“与传统的以动词为中心的理论模型不同，生成词库理论强调名词在语义组合中的重要性，像刻画动词一样对名词的语义进行了详细的刻画。尤其是物性结构的引入，把词汇、语法、语义和百科知识结合在了一起”。物性结构并不是简单地列举物性角色信息，而是利用语义约束集对语言进行解读。传统认为词与词在意义上的组合来自一般逻辑推理机制，而生成词库认为语义的转换是通过词语之间的支配关系来实现的。

形容词具有依附性，它们的意义变化与其修饰的名词有着密切的联系。张志毅指出，“形容词的义项划分，常由所形容的词语决定”。形容词意义需要依附于其修饰的名词其意义才得以完整准确地表达，因此，形容词在释义过程中应尽量呈现所形容词语的物性角色，这种对所形容的词语语义的依附性，展现了形容词词义转换是通过词语之间的支配关系来实现的。换言之，当把一个名词的物性结构和修饰这个名词的形容词组合起来的时候，形容词会激发名词的不同物性角色，如形式角色、施成角色、构成角色、评价角色和行为角色，Pustejovsky 认为“可以根据名词物性角色的变化解释词的多义性现象”。宋作艳指出“形名语义组合实际上是形容词有选择地约束名词物性结构中的某个物性角色值”。据此，我们可以对形容词性义项用描述性话语释义进行划分和描写，运用“修饰主体+物性角色”的释义模式，凸显形容词不同的修饰主体以及修饰主体凸显的不同物性角色。在分析形容词各义项描述的过程中，根据形容词的修饰主体与所激发的不同物性角色值的关系，本书引入 7 种物性角色，见表 2-2。

表 2-2　相关物性角色及其定义

物性角色	定义
形式角色	物体的外在特征，包括形状、大小、宽窄、软硬、轻重等方面
构成角色	物体的构成材料、部分或组成部分
施成角色	说明物体的来源、产生的因素或者解释现象产生的本质
功用角色	所指事物对人的用途和功能
评价角色	人对所描述事物的主观评价、情感色彩
单位角色	所指事物的计量单位
定位角色	人或其他事物跟名词所指的处所、时间等的位置、方向关系

以“甜”字形容词义项为例：《现汉》中“甜”字形容词义项一共有 3 个：① 形像糖和蜜的味道（跟“苦”相对）；② 形形容乖巧，讨人喜欢；③ 形形容舒适、愉快。

标注语料后发现，“甜”所修饰的主体可以分为以下几类：食物、空气、人的语言、声音、外形、睡眠和心理感受。因此，当其所描述的对象为具体食物时，如“甜瓜”“药还是甜的”，“甜”凸显的是食物在味觉方面所表现出的特点，也即其形式角色“味道”；当其所描述的对象为抽象的空气时，如“甜香、气息很甜”，此时“甜”指的是某一时间或区域内嗅觉方面所表现出的特点，同样凸显的是所描述的对象的形式角色，见表 2-3。

表 2-3 “甜”义项 1 分析

《现汉》义项	主体论元	物性角色
① 形 像糖和蜜的味道（跟“苦”相对）	食物	形式
	空气	形式

由于所描述的对象分别是具体食物和抽象的空气，并且分属味觉和嗅觉两个不同感官属性，按照“修饰主体+物性角色”的释义模式，建议归类描写，因此建议在原有义项的基础上再重新增加 1 个新义项，见表 2-4。

表 2-4 “甜”义项 1 重新划分与修改

《现汉》原有义项	重新划分和修改后义项
① 形 像糖和蜜的味道（跟“苦”相对）：这西瓜真～	① 形 像糖和蜜的味道（跟“苦”相对）：这西瓜真～
	② 形 形容气味芳香、好闻：清～的气味

同理，当“甜”修饰的对象为人，激活的含义一定与人某一方面的特点密切相关。例如，当“甜”修饰的对象为与人有关的“语言、诗篇、歌词”等时，此时“甜”激活的是所描述的对象的功能角色，于是产生“语言和顺、让人舒服”的语义。又如，当所描述的对象为“声音、外形、睡眠”时，此时“甜”激活的是所描述对象的评价角色，根据“修饰主体+物性角色”的释义模式，分别产生以下三条语义：声音圆润婉转，讨人喜欢；外形可爱，让人着迷；睡眠非常舒适。

通过语料库标注发现，汉语中“甜”还常常与表示心理与情绪的词语搭配，凸显了修饰主体的评价角色“幸福、快乐”，产生“幸福、快乐”的语义，见表 2-5。

表 2-5 "甜"义项 2-3 分析

《现汉》义项	主体论元	物性角色
② 形形容乖巧，讨人喜欢：嘴～|小姑娘长得很～|话说得很～	语言	功能
	声音	评价
	外形	评价
③ 形形容舒适、愉快：他睡得真～	睡眠	评价
	心理或情绪	评价

按照"修饰主体+物性角色"的释义模式，建议归类描写，因此建议将原有的 2 个义项拆分为以下 5 个新义项（见表 2-6）。

表 2-6 "甜"义项 2-3 重新划分与修改

《现汉》原有义项	重新划分和修改后义项
② 形形容乖巧，讨人喜欢：嘴～|小姑娘长得很～|话说得很～	形语言和顺、让人听了舒服
	形声音圆润婉转，讨人喜欢
	形（人或物）外形可爱，让人看了着迷
③ 形形容舒适、愉快：他睡得真～	形睡得舒适的样子
	形心情舒适、愉快

综上，在生词词库物性结构理论指导下，我们首先逐条标注语料，确认语料中形容词所修饰的主体论元，接着将所有的主体论元归纳分类，然后运用物性结构理论分析形容词激活的所修饰的主体论元的物性角色及其两者之间的语义关联，最后根据描述性话语释义的方法，将该义项采用"主体论元+形容词所激活的物性角色"的释义模式描述出来，达到优化释义的目的。

描述性话语释义已经基本成为汉语学习词典的首选释义方式，用物性结构理论能更加准确和全面地把握单音节形容词语义特征，在保证科学性的基础上，尽量做到语言简约平易，避免以词释词，这是符合世界学习词典释义方式变化潮流的，对满足词典用户的需求具有重要的价值。

第三节　论元结构对动词性义项划分和描写的作用

论元结构理论在吸收配价语法、依存语法、格语法、框架语义学、构式语法等理论的基础上发展起来，主要针对谓词的论元与句法的关系。Chomksy、Cuervo 和 Roberge 等众多学者认为，动词的释义与其论元的句法位置关系密切。袁毓林为动词设置 22 个语义角色（见表 2-7），并认为“对于汉语动词、形容词等谓词的语义结构，这里主要采用论元结构的描写框架”。

表 2-7　22 个语义角色分类

论元角色	必有论元	主体论元（经事、施事、主事、致事、感事） 客体论元（与事、受事、系事结果、对象、）
	非必有论元	依凭论元（工具、目的、方式、材料、原因） 环境论元（源点、时间、路径、终点、处所） 关涉论元（量幅、范围）

必有论元主要包括主体论元和客体论元。形容词涉及的一般是主体论元，也即形容词所修饰的事物，主体论元中又可细分为施事、致事、感事和主事。动词一般涉及的是客体论元，也即动词所支配的对象。客体论元可细分为受事、与事、对象和系事。主体论元和客体论元都是动词或形容词构成基本表达时必不可少的成分。

非必有论元包括依凭论元、环境论元和关涉论元。依凭论元指动作行为所依靠的材料、工具和方法、原因、目的。如“宽”字义项③“动放宽；使松缓：～限|～心|听说孩子已经脱险，心就～了一半。”通过语料标注发现，当客体论元指向具体事物时，如“宽衣”，“宽”在语义上侧重于结果，体现为结果论元“使衣服变宽阔”；当客体论元指向时间时，如“宽限几日”，此时“宽”在语义上侧重于目的，体现为目的论元“使时间延缓”；当客体论元指向抽象事物如“宽心”时，出现类型错配，从物性角色看，“宽”强迫

名词性成分引入其功用角色，心的功能角色“产生的情绪”与形容词“宽”的匹配度较高，于是激活人们头脑中对这个事物的认知从而识得它的意义，这样“宽心”就产生“使心情放松”的语义。除了客体论元的差异外，其依凭论元也不同。

环境论元交代时间和处所、源点、终点、路径。例如，“甜”表示“使人感到幸福快乐”时，如“甜在心里”“甜到我心里”，其中“甜”突出指向的是环境论元中的处所论元。

关涉论元主要包括量幅、范围。“宽”表示“使时间延缓”时，句子中往往出现交代量幅的成分，例如，“能否再宽几日”。“紧”表示“出于某种目的使事物更加紧凑或固定”时，句子中也会交代量幅的成分，例如，“把鞋子再紧一下”。

动词对相关补足成分具有依赖性，不可能在谈论一个动作时不涉及与其相关的事物。这一特征使动词的语义具有非自足性，这种依赖性使得动词词义想得以完整准确地表达必须关涉必有论元，只有两者在一起时语义才能表达完整，故论元结构理论为动词义项的“描述性话语释义”提供了理论依据，通过分析动词涉及的论元角色为科学准确全面描写动词性义项释义提供理论支撑。

因此，运用论元结构理论描述动词性义项首先需要确定动词性义项的义核，然后分析与动词核心词所关涉的论元类型、论元数目，然后运用“主体论元+非必有论元+客体论元”的描述性话语释义模式将该义项描述出来，达到优化释义的目的。

以“苦”的动词性义项为例说明。“苦”在《现汉》的动词性义项为“使痛苦；使难受：一家五口都仗着他养活，可～了他了。”主要涉及的必有论元是客体论元。在标注语料的过程中发现，客体论元有两类，除了指向人或人身体器官之外，还有一类是指向人造类事物，如“企业、政府”。接着考察其依凭论元，包括原因论元和结果论元，首先是原因论元“某些外在原因”，然后发现当“苦”的客体论元不同时，结果论元有所不同，当“苦”的客体论元指向人物时，突出的结果是“使人在身体和精神上承受更多的压力”，当“苦”的客体论元指向人造类事物时，突出的结果是“使事物受到不良的影响或损耗”。因此，根据客体论元的不同，考察结果论元于是可以分出以下两种不同义项：“由于某些外在原因使人在身体和精神上承受更多的压力”和“由于某些外在原因使事物受到不良的影响或损耗”，后者也是《现汉》漏收的义项。

综上，按动词性义项“原因论元+客体论元+结果论元”的释义模板，可将“苦”字的动词性义项重新划分和描写，具体见表 2-8。

表 2-8 “苦”动词性义项的重新划分与描写

<table>
<tr><td rowspan="2">动使痛苦；使难受：一家五口都仗着他养活，可～了他了</td><td>动由于某些外在原因使人在身体和精神上承受更多的压力：一家五口都仗着他养活，可～了他了</td></tr>
<tr><td>动由于某些外在原因使事物受到不良的影响或损耗：粮价放开，可～了粮食企业</td></tr>
</table>

第三章 形貌类形容词义项划分及描写

第一节 “宽”字义项划分及描写

一、建立“宽”字平衡语料库并进行标注

根据《现代汉语频率词典》“宽”的频率是 0.009 13，使用度是 120，词次是 96。本书从北京大学现代汉语语料库（CCL 语料库）中下载了 35 类“宽”字现代汉语语料共计 50 029 条约 505 万字。针对不同时间段语料进行分阶段按比例抽取，共获得“宽”字 10 000 条约 97 万字语料建立“宽”字平衡语料库。本书抽取的语料在 CCL 语料库中具体分布情况见表 3-1。

表 3-1 “宽”平衡语料库分类抽样表

二级分类	三级分类	四级分类	语料数量	抽取数量
当代	CWAC	—	557	557
	口语	1982 年北京话调查资料	6	6
		对话	75	75
		电视访谈	11	11

续表

二级分类	三级分类	四级分类	语料数量	抽取数量
当代	史传	—	318	318
	应用文	中国政府白皮书	53	53
		健康养生	232	232
		法律文献	16	16
		社会科学	349	300
		自然科学	413	300
		药方	56	56
		菜谱	513	300
		议论文	139	139
		词典	682	300
		说明书	8	8
	报刊	1994 年报刊精选	5 250	200
		人民日报	11 778	400
		作家文摘	1 169	250
		市场报	827	250
		故事会	7	7
		新华社	12 979	400
		读书	1 922	300
		读者	1 122	150
		青年文摘	20	20
	文学	—	3 887	1 000
	电视电影	文艺	286	286
		非文艺		800
	相声小品	—	85	85
	网络语料	—	2 068	1 200
	翻译作品	应用文	922	403
		文学	3 379	800
现代	戏剧	—	33	33
	文学	—	545	545
总计		—	50 029	10 000

逐一对这 10 000 条语料进行义项标注，发现“宽”字用在一些专用名词中共计 3 795 条，占 37.95%，如人名“黄德宽”“小宽”等，地名“宽城”“宽县”“宽甸”等，术语“带宽”“宽带”“宽频”等，另有为错字的语料共计 11 条，占 0.11%，这一类语料中对于本研究“宽”字的义项划分和描写意义不大，本书暂时忽略，不加讨论。后文中，对“宽”字的义项分布统计，均以 10 000 条语料为计算范本。

二、情状类形容词“宽”义项分布情况的描写

（一）“宽”在《现汉》中的义项分布

1. 形横的距离大；范围广（跟“窄”相对）：～银幕|这条马路很～|他们说我这也管那也管，嫌我管得～。

许慎在《说文解字》中将“宽”描述为“宽，屋宽大也。从宀萈聲。苦官切”。从属宀部，“交覆深屋也。象形。凡广之属皆从。”可见，“宽”的原始义是用来表示房屋的。“宽”用来描写有形事物的性状，指物体从一侧到另一侧的空间距离，表示的是物体的一项空间维度，即横向维度宽度。

该义项与《牛高》对应词“wide”的义项“measuring a large distance from one side to the other”相对应，参考《牛高》释义并结合标注语料可知，“宽”凸显了单个事物本身的具体空间维度特点，与主体论元的形式角色相联系，属于形式角色；如“宽银幕”中的“宽”指当观察者面对银幕时，银幕“从左到右横向距离大”，按照“主体论元+物性角色”的释义模式，应当加入主体论元，因此对《现汉》原有义项修改如下。

（1）形人或物从左到右横的距离大：～幅|加～|～银幕|这条马路很～|这条街比以前～多了。

“横向的距离”通常指当人面向事物时所见的人体或事物呈现的从左到右的横向距离，即“宽”的空间维度。常见的短语有“街道宽、宽木板、鼻

梁宽扁、肩宽、宽边帽、宽腰、宽袖、宽襟、宽叶、宽条、宽脸、牙宽、宽额头、宽肩带、骨节宽粗”等。具体举例如下。

①比方德国人下巴比较［宽］，荷兰人下巴比较尖。当然下巴不是一切。（当代\报刊\2000 年人民日报）

②正房多高多大，多长的面［宽］，多大的进深！你再瞧瞧你们家的正房！（当代\相声小品\中国传统相声大全）

任永军指出“汉语中‘宽’维度具有一定的方向性”。Lyons 认为对于有方位的物体来说，方位对于长度、宽度等这些非垂直维度的分配起着重要的作用。如果事物有固定的前部，那么宽度指的是物体前部从左到右的维度（横向水平维度）；如果没有前部，宽度是与长度垂直的维度（纵向水平维度）。

Bierwisch 在识别“宽”时考虑了两种情况：当涉及“观察者”时，“宽”指的是“横向维度”；当不涉及“观察者”时，“宽”指的是事物“最小的水平维度”，即纵向维度，此时物体的宽度与长度垂直。由此，可增加一条新义项。

（2）形物体最小的水平维度：～门幅|～面条|2 厘米～。

① 这种布门幅较［宽］，买一条裤料要六尺，若是买九尺五寸就可以套裁两条了。（当代\报刊\市场报\市场报 1994 年 B）

② 奇怪的是，两名不舒服的球员根本没有吃过那道烤［宽］面条，只有一名当晚不用出场的球员感到不适。（当代\网络语料\网页\C000014）

③ 将龟肉下开水烫过，除去薄膜，剁去爪尖，每块切成 3 厘米长、2 厘米［宽］。（当代\应用文\菜谱大全）

遵循形容词“主体论元+单个物性角色”的模式，“横的距离大；范围广”不宜并列为一个义项，因为“范围广”并不是“宽”的空间释义，而是通过隐喻等途径转化而来的引申义，因此应当将《现汉》该义项分条陈述。

（3）形内容、意义等涉及的范围广：～泛|视野～|～领域|戏路～|他读书多，知识面～|他们说我这也管那也管，嫌我管得～。

该义项在《牛高》中对应词“wide”中释义为“[usually before noun] including a large number or variety of different people or things; covering a large area.[(通常在名词之前)包括大量或各种不同的人或事;覆盖面积大]”。结合语料可知，主体论元常常指向抽象事物，通常为职责、含义、作用、知识面、视野、思路、题材、领域、音域、戏路、打击面、人际关系等，此时的“宽”凸显了主体论元的评价角色，意指涉及的内容或范围广。常见的复字短语有“宽打窄用”“宽泛”“宽广”“拓宽”“宽口径”“宽领域”。

例句如下。

① 光子脱毛具有很[宽]的适应症，包括生理性多毛和病理性多毛。(当代\网络语料\网页\C000013)

② 还是做吧，把这个商店打大一些，影响做[宽]一些。(当代\网络语料\网页\C000013)

③ 这是命，你心高命薄。退一步看，想[宽]一点。花开堪折直须折，莫待无花空折枝呀……(当代\文学\汪曾祺)

2. 名宽度：我国国旗的～是长的三分之二|碑高五尺，～二尺。

任永军指出“汉语中‘宽’维度具有一定的方向性”“如果事物有固定的前部，那么宽度指的是物体前部从左到右的维度(横向水平维度);如果没有前部，宽度是与长度垂直的维度(纵向水平维度)”。同时，他在识别“宽”时还考虑了两种情况:“当涉及‘观察者’时，‘宽’指的是‘横向维度’;当不涉及‘观察者’时，‘宽’指的是事物‘最小的水平维度’，即纵向维度，此时物体的宽度与长度垂直。”

《牛高》和《朗文》中对应词“width”该义项释义一致为“the measurement from one side of something to the other(从某物一侧到另一侧的测量距离)”。

例句如下。

① 堪察加半岛长达 1 200 千米，[宽]100～450 千米，总面积 37 万平方千米，是俄罗斯最大的半岛。(当代\应用文\自然科学\中国儿童百科全书)

② 眼影要尽量向侧面推抹开，口红宜画成有［宽］度和长度的圆滑线。（当代\应用文\健康养生\养生与健美方法 100 例）

《现规》《现学》与《现汉》一致，均用“宽度”一词释义，但走以词译词的路子，是走了一条死胡同。与以词释词相比，词典用描写性话语释义更便于查阅者理解。综上，将该释义重新描写如下。

名从物体一侧到另一侧的横向测量距离：这条河有 10 米～|我国国旗的～是长的三分之二|碑高五尺，～二尺。

3. 动放宽；使松缓：～限|～心|听说孩子已经脱险，心就～了一半。

该义项《现汉》采用了以词释词的方式，王宁批评其为“不完全的训释”和“不充足的训释”。在分析整理语料时我们发现，该义项有时以“宽+受事论元”的模式出现，如“宽心”“宽衣”，其受事论元分别指向抽象事物和具体事物两类。

动使开阔；放松：～衣解带|～心。（《现规》）

动放松；使宽松：～心|给老人家～一～心。（《现学》）

参照以上三本词典，“宽”字该义项的义核都为“放松”，突出指向的是受事论元，凸显了结果论元“使开阔”。因此，我们建议在释义中加入义核+受事论元+结果论元并运用描述的手法将释义修改如下。

（1）动放松使事物更加开阔：～衣解带|～心。

例句如下。

① 赢下第 7 盘棋，对于谢军来说太有利了，为卫冕成功奠基，是中方的“宽心丸”。（当代\报刊\人民日报\1993 年人民日报）

② 东尼爱卖关子，他不说话了，先［宽］衣解带，脱得只剩一条游泳裤。（当代\文学\朱邦复 巴西狂欢节的迷惘）

“宽衣”顾名思义，就是“使衣服更加宽阔”的意思，因为通常我们在穿衣服的时候常常将衣服横向捆缚起来，因此我们在解开衣服时，衣服所占据的横向空间距离会加大变宽，因而解开衣服也就会使衣服变得更加“宽

阔”。“宽衣”形象地诠释了解开衣服的过程。

除此以外，该义项有时也以“主事论元+宽”的模式出现，“宽”后面没有出现受事论元。在分析整理语料时我们发现，常用的复字词为“宽限”“宽延”“宽贷”“宽松”等，《现学》中将该动词性义项释义为“动放宽；延缓：～限|希望再～几天”。显然，《现汉》并未将这两个义项区别开来。综上，我们将《现汉》原有的动词性义项划分出另一个新的义项，在描写该义项时要加入主事论元修改如下。

（2）动（时间）延缓；（精神）放松：～限|～延|～解|希望再～几天|脸色一～|听说孩子已经脱险，心就～了一半。

例句如下。

① 门开了，他定睛看去，神色一［宽］，浑身的肌肉又都松弛了。（当代\文学\琼瑶 雁儿在林梢）

② 能否请马大哥［宽］几日，让俺给父母报个信，征求一下意见，免得二老说俺目无尊长，左邻右舍说三道四了。”（当代\史传\李文澄 努尔哈赤）

③ 门开了，他定睛看去，心情一［宽］，浑身的肌肉又都松弛了。（当代\文学\琼瑶 雁儿在林梢）

4. 形宽大；不严厉；不苛求：～容|从～处理|对己严，待人～。

“形式角色因其空间性，最易被感知，因而最易作为理解其他陌生或抽象概念的基点。”“宽”本来指具体事物从一侧到另一侧的横向距离大，属于形式角色，一个物体，如果宽度大，通常它的长度一定比宽度还大。因此人们经常用“宽”方便地表达面积大或体积大的含义。以该义项为基点，当人们在与外部世界互动的过程中，具体事物会转换为抽象意象，将抽象概念与具体意象中相似点融合，将“宽”的意义从空间域投射到品德域，当主体论元指向心理范畴时，如“心宽体胖”，此时的“宽”的空间意义消失，凸显了主体论元形式角色中的抽象属性，意指“放松甚至愉悦。”结合语料，此时的主体论元通常为“心情、人际关系、气氛”等抽象名词，常见的复字短语有“宽慰”“宽松”“宽舒”“宽展”“心宽体胖”。

当“宽”被用来评价人物的胸襟、胸怀、心胸、心襟等时，“宽”空间义减弱，属性义增强，就会产生“度量大，不严厉，不苛求”的意义，物性角色也由形式角色转变为评价角色。常见的复字词有“宽大”“宽容”“宽宏大量”“宽大为怀”“宽以待人”“从宽处理”“政策放宽”。遵循形容词“主体论元+单个物性角色”的模式，根据主体论元和物性角色的不同，建议将《现汉》中该释义重新分立为以下两条义项。

（1）形心情放松、愉悦：～慰|心～体胖|这家书吧给读者提供了一个～松的环境。

例句如下。

① 台下的仪晓辉［宽］慰地笑了。这是以往他所做不到的，但这一次，通过联想，他办到了。（当代\网络语料\网页\C000010）

② 如果我不能让她满意，那只好请她自己放［宽］心了。（当代\翻译作品\文学\少年维特的烦恼）

③ 他这个人心［宽］，一般的事，从来不会皱眉头。（当代\报刊\作家文摘\1995）

（2）形度量大;（规则、要求）不严格：～容|～宏大量|从～处理|政策放～|对己严，待人～。

例句如下。

① 他对那些虽为敌方、但勇敢的对手均十分［宽］大，同时也因对民众公正而受到欢迎。（当代\翻译作品\应用文\中国武将列传）

② 坚决纠正在执纪过程中“失之于［宽］，失之于软”的现象，对瞒案不报、压案不办甚至干扰办案的，要追究其责任。（当代\报刊\新华社\2003年8月份新闻报道）

5. 形宽裕；宽绰：他虽然手头比过去～多了，但仍很注意节约。

发现该义项的主体论元大部分指向经济域，如“家境”“生活”“给养”

“手头”“资金”等，“宽”凸显了主体论元形式角色中的抽象属性，意指经济处于充裕状态。统计语料发现，被修饰的名词除了指向“经济”之外，还出现了“时间”“住房”“行程”“车票”“房间”等搭配。因此，为了体现义项描写的准确性，同时避免以词释词，建议将原有义项补充修改如下。

形（经济、时间、物资等）富余：～余|这次行程我们尽量把时间安排得～一点儿|他虽然手头比过去～多了，但仍很注意节约。

例句如下。

①他在船板上坐下了，腰间的围裳是有红格的花纹的，在［宽］裕处扭成一个结，塞在腰边。（现代\文学\散文 2）

②旅游城市的航班和直快以上列车预订已经趋热，住宿接待能力还普遍［宽］裕。（当代\网络语料\网页\C000016）

③手头［宽］绰，一时使他不知如何是好。（当代\报刊\1994 年报刊精选）

（二）通过语料库发现“宽”字新义项分布

通过对所收集语料进行分析，我们发现还有 138 条约占 1.38%的“宽”字语料无法用《现汉》中已有的义项加以说明，据此，应该为现代汉语“宽”字释义增加以下 3 个新义项。

1. 形事物表面展开或覆盖的空间大：～广|～大|～敞|～阔

面积义“宽”的主体论元通常指向开阔的“地面”“水面”“住房”“客厅”“院子”等，如“客厅很宽、水面很宽、院子很宽”，常见的复字词如“宽阔、宽敞、宽广、宽绰”等，形容事物展开或覆盖的空间大，可以无限延伸，甚至超越人们的视线范围。如“宽广的海洋、宽阔的草原”。

例句如下。

① 左边是坡月山庄和半坡花园住宅小区，背后是林馨园别墅区，前面是［宽］达百亩的花卉园。（当代\文学\张卫 你别无选择）

② 找到座位坐下，舞台显得遥远，中间像是隔着挺［宽］的海。（当代\报刊\青年文摘\青年文摘 2003 人物版）

③［宽］得没尽头的大城市，咱们谁都聊过，谁都没有去过。（当代\电视电影\文艺\兰晓龙 士兵突击）

2. 形物体松散不紧绷的状态（相当于“松”）：～紧带|～紧靴|～紧适度|衣带渐～

①他把指环套在我左手的无名指上，［宽］紧合度。（当代\文学\张小娴 面包树上的女人）

②不用说，这位大哥就是为了这女孩子才茶饭不思、衣带渐［宽］的。（当代\翻译作品\文学\与画中人同行的人）

3. 形数量多：～汤|～油

“宽”在《说文解字》中最初的意义就是房屋宽大，凸显的是房屋内部的空间大。此时，“宽”除了具有一定的空间属性，同时也包含了一定的功能属性，“厨房宽、草坪宽”不仅表示“厨房、草坪”空间大，还表示大空间具有容纳相当数量的人或物的功能。因此，“宽”可以由它的面积和空间量大最后可以引申到数量大。

例句如下。

①［宽］汤窄面是祖训，最后再打个蛋花，高潮就在干净的盘子和没有浪费的愉悦氛围中到来。（当代\应用文\菜谱\菜谱集锦）

②旺火加［宽］油，将拌上酱油的鹌鹑过油炸至八成熟捞出。（当代\应用文\菜谱\菜谱大全（4 577 道菜）

三、小结

综上，对“宽”字在现代汉语中的义项重新划分和描写，归结了 11 个“宽”字义项，具体见表 3-2。

表 3-2　“宽”各义项整理

《现汉》释义	重新划分和描写后释义
① 形横的距离大；范围广（跟“窄”相对）：～银幕|这条马路很～|他们说我这也管那也管，嫌我管得～	① 形人或物从左到右横向距离大：～幅|加～|～银幕|这条马路很～|这条街比以前～多了
	② 形内容、意义等涉及的范围广：～泛|视野～|～领域|戏路～|他读书多，知识面～|他们说我这也管那也管，嫌我管得～
② 名宽度：我国国旗的～是长的三分之二|碑高五尺，～二尺	③ 名从物体一侧到另一侧的横向测量距离：这条河有 10 米～|我国国旗的～是长的三分之二|碑高五尺，～二尺
③ 动放宽；使松缓：～限|～心|听说孩子已经脱险，心就～了一半	④ 动放松使事物更加开阔：～衣解带|～心
	⑤ 动（时间）延缓；（精神）放松：～限|～延|～慰|～解|希望再～几天|脸色一～|听说孩子已经脱险，心就～了一半
④ 形宽大；不严厉；不苛求：～容|从～处理|对己严，待人～	⑥ 形心情放松、愉悦：～慰|心～体胖|这家书吧给读者提供了一个～松的环境
	⑦ 形度量大，（规则、要求）不严厉：～容|～宏大量|从～处理|政策放～|对己严，待人～
⑤ 形宽裕；宽绰：他虽然手头比过去～多了，但仍很注意节约	⑧ 形（经济、时间、物资等）富余：～余|这次行程我们尽量把时间安排得～一点儿|他虽然手头比过去～多了，但仍很注意节约
	⑨ 形事物表面展开或覆盖的空间大：～广|～大|～敞|～阔
	⑩ 形物体疏散不紧绷的状态（相当于“松”）：～紧带|～紧靴|～紧适度|衣带渐～
	⑪ 形数量多：～汤|～油

第二节　“窄”字义项划分及描写

一、建立“窄”字平衡语料库并进行标注

根据《现代汉语频率词典》统计，“窄”的频率是 0.002 28，使用度是 20，词次 30。本书从北京大学现代汉语语料库（CCL 语料库）中下载了 35 类“窄”字现代汉语语料，共计 7 595 条约 74 万字以建立“窄”字平衡语料库。本书抽取的语料在 CCL 语料库中具体分布情况见表 3-3。

表 3-3 “窄”平衡语料库分类抽样表

二级分类	三级分类	四级分类	语料数量	抽取数量
当代	CWAC	—	129	129
	口语	1982 年北京话调查资料	1	1
		对话	38	38
		电视访谈	0	0
	史传	—	62	62
	应用文	中国政府白皮书	0	0
		健康养生	53	53
		法律文献	3	3
		社会科学	104	104
		自然科学	102	102
		药方	10	10
		菜谱	5	5
		议论文	20	20
		词典	210	210
		说明书	14	14
	报刊	1994 年报刊精选	595	595
		人民日报	1 276	1 276
		作家文摘	165	165
		市场报	113	113
		故事会	3	3
		新华社	1 165	1 165
		读书	407	407
		读者	254	254
		青年文摘	5	5
	文学	—	998	998
	电视电影	文艺	45	45
		非文艺	68	68
	相声小品	—	23	23
	网络语料	—	359	359
	翻译作品	应用文	192	192
		文学	902	902
现代	戏剧	—	7	7
	文学	—	187	187
总计		—	7 595	7 595

逐一对这 10 000 条语料进行义项标注，发现“窄”字用在一些专用名词中共计 15 条，占 0.15%，如“窄溪镇”“窄溪段”，另有错字的语料共计 4 条，占 0.04%，如“卧室（*窄）”“室息（*窄）”等，这一类语料中对于我们研究“宽”字的义项划分和描写意义不大，本书暂时忽略，不加讨论。后文中，对“宽”字的义项分布统计，均以 7 576 条语料为计算范本。

二、情状类形容词“窄”义项分布情况的描写

（一）“窄”在《现汉》中的义项分布

1. 形横的距离小（跟“宽”相对）：狭～|路～|～胡同。

该义项在“窄”字平衡语料库中共 4 682 条语料，使用频率约为 61.8%。

《说文解字》中没有收录“窄”字，段注中提及：“说文无窄字，笮窄古今字也。”《说文·⺮部》中对“笮”的释义为：“笮，迫也。在瓦之下棼上。从竹，乍声”。《汉字源流字典》中的释义为：“本义为屋笮，用竹或苇子编成的帘箔状物，放在檩椽上边，其上再铺上泥再瓦上瓦，夹在檩椽与泥瓦之间，故曰迫”。“迫”在《说文》中释义为：“迫，近也”。在《集韵》中的释义为：“窄，狭也”。在《字汇》中的释义为：“窄，狭也，迫也”。

《牛高》对应词“narrow”此义项释义为“Measuring a short distance from one side to the other，especially in relation to length（测量从一侧到另一侧的短距离，特别是相对于长度）”。参考《牛高》释义并结合标注语料可知，“窄”的描写对象既指单个事物本身，也指两个事物之间的位置关系。如“窄胡同”中的“窄”指当人沿着胡同行走时，面对的从左到右的水平方向就是胡同“窄”的横向维度。换言之，与胡同延伸的方向相垂直的水平方向即胡同“窄”的横向维度。“横的距离”通常指当人面向事物时所见的人体或事物呈现的从左到右的横向距离，即“横”的空间维度属性。“横向距离小”凸显了单个

事物本身的具体空间维度特点，与主体论元的属性角色相联系，属于形式角色。常见的短语有“街道窄、窄木板、鼻梁窄、肩窄、窄边帽、窄腰、窄袖、窄襟、窄桥、窄条、窄脸、牙窄、窄额头、窄肩带”等。按照“主体论元+物性角色”的释义原则，建议将《现汉》原义项修改如下。

形（人或物）从左到右横向距离小：～幅|狭～|～胡同|冤家路～|这条马路很～|这条街比以前～多了。

例句如下。

① 而且北端马路都呈圆弧形，只是先农坛东西距离比天坛略［窄］。（当代\报刊\1994年报刊精选\07）

② 圆体、宽肩、［窄］腹，这是描写温润油柔的白玉瓶。（当代\报刊\新华社2004年11月份新闻报道）

2. 形（心胸）不开朗；（气量）小：心眼儿～。

该义项在“窄”字平衡语料库中共259条语料，使用频率约为0.34%。

“窄”原指具体的人体或事物呈现的从左到右的横向距离小，属于形式角色。一个物体，如果宽度大，通常它的长度一定比宽度还大。因此人们经常会方便地使用“宽”来表达面积大或体积大，同样，“窄”也经常被用来表达面积小或体积小的含义。当人们以该义项为基点，通过隐喻的方式，将“窄”的意义从空间域投射到品德域，“窄”被用来评价胸襟、胸怀、心胸、心襟等，“窄”的空间义减弱，属性义增强，引申出“（心胸）不开朗；（度量）小”的义项，物性角色也由形式角色变为评价角色。常见的短语有“心窄见短、心眼窄、气量窄、心胸窄、心地窄、窄肠子、性格狭窄、心境逼窄、心理狭窄”等。

例句如下。

① 我还以为你不是个狭［窄］、俗气的傻瓜。（当代\翻译作品\文学\天才）

② 你身为大将，遇事还是这么急躁，这么量［窄］，怎么能行？（当代\文学）

3. 形（生活）不宽裕：他家的日子过得挺～。

该义项在“窄”字平衡语料库中共 14 条语料，使用频率约为 0.18%。

通过分析统计语料，我们发现该义项的主体论元大部分指向经济域，当“窄”的意义从空间域投射到经济域时，“窄”被用来描述经济状况，“窄”的空间义减弱，属性义增强，物性角色也由形式角色变为评价角色，产生了“不宽裕”的义项，意指经济处于不宽裕状态。常见的复字词有“宽打窄用”“宽算窄用”“紧窄”“窄巴”“急窄”等。

例句如下。

① 日子过得急［窄］，想汤没汤，想药没药，眼看病人越黄越瘦。（当代\文学）

② 直到如今，不管手头上有多么急［窄］，他都不肯舍弃这二亩土地。（当代\文学）

（二）通过语料库发现“窄”字新义项分布

通过对所收集语料进行分析，我们发现还有 2 621 条约占 34.6%的“窄”字语料无法用《现汉》中已有的义项加以说明，据此，我们认为应该为现代汉语“窄”字释义增加以下 3 个新义项。

1. 形内容、意义等涉及的范围小：知识面～|思路～|题材～|音域～|戏路～|她的生活圈子太～了。

该释义的“窄”语料共有 1 470 条，约占比 19.4%。

该义项在《朗高》（Procter& Landon，2014，P1211）对应词“narrow”中对应释义为“Ideas/attitudes a narrow attitude or way of looking at a situation is too limited and does not consider enough possibilities（想法/态度 狭隘的态度或看待情况的方式太有限，没有考虑足够的可能性）”。结合语料可知，当该义项的主体论元指向抽象事物时，如“视野窄”“眼光窄”“题材窄”，此时的“窄”的空间属性意义消失，意指“涉及的范围小”，凸显了主体论元的评价角色，结合语料，该义项的主体论元通常为“定义、含义、作用、知识面、视野、思路、题材、领域、音域、戏路、打击面、人际关系、交际圈、食性”等抽象名词，常见的复字短语有“狭窄”“窄化”“窄口径”。

例句如下。

① 这虽然有利于艺术探索向纵深发展，但也失之面［窄］囿于自身，不利于在中国文化氛围中全方位发展。（当代\报刊\人民日报\1994 年人民日报\第 2 季度）

② 想［窄］一点，那是可以逃离世上最远的地方。（当代\网络语料\博客\虹影博客）

③ 弗洛伊德的心理性欲成长理论，通常被狭［窄］地误解为只关心性欲望和性行为。（当代\翻译作品\应用文\普通心理学）

2. 形事物表面展开或覆盖的空间小：～小|狭～|地～人多|水浅港～|天地越来越～了。

该释义的“窄”语料共有 894 条，约占比 11.8%。

“窄”字该义项主体论元通常指向“地面”“水面”“住房”“客厅”“院子”“现场”等，如“水面很窄、客厅很窄、空间很窄”。常见的复字词如“窄小”“狭窄”“地窄人多”“水浅港窄”等。

例句如下。

① 那小小的空间［窄］［窄］的约有六个平米，涂了灰泥的墙壁上肮脏不堪。（当代\文学）

② 似乎越久远的东西越好，其结果是门户越来越多，天地越来越［窄］。（当代\报刊\人民日报\1993 年人民日报\2 月份）

③ 湖北云梦县是一个典型的人稠地［窄］的平原县。（当代\报刊\1994年报刊精选）

④ 中国民歌目前还普遍存在旋律单调、缺乏和声伴奏以及演唱者音域［窄］、方言重等局限性，未来还任重道远。（当代\报刊\新华社\新华社 2003年 11 月份新闻报道）

3. 形数量少：差幅将明显收～。

该释义的“窄”语料共有 247 条，约占比 3.26%。

该义项在《牛高》对应词“narrow”中释义为“limited in variety or numbers（种类或数量有限）”。同“宽”一样，“窄”除了具有一定的空间义，同时也包含了相应的功能义，“厨房窄、草坪窄”同时表明该“厨房、草坪”能够容纳的人或物数量少。此时，“窄”由最初表示横的距离小到表示它的面积和空间量小，可以引申到数量小。

例句如下。

① 香港新界北区（上水、元朗）与深圳皇岗片区的楼价差幅将明显收［窄］。（当代\报刊\新华社\新华社 2003 年 1 月份新闻报道）

② 2001 年美元小幅波动，波幅趋［窄］。（当代\报刊\新华社\新华社 2002年 1 月份新闻报道）

三、小结

综上，对“窄”字在现代汉语中的义项重新划分和描写，归结了 6 个“窄”字义项，具体见表 3-4。

表 3-4　“窄”字各义项整理

《现汉》释义	重新划分和描写后释义
① 形横的距离小（跟“宽”相对）：狭～|路～|～胡同	① 形（人或物）从左到右横向距离小：～幅|狭～|～胡同|冤家路窄|这条马路很～|这条街比以前～多了
② 形（心胸）不开朗；（气量）小：心眼儿～	② 形（心胸）不开朗；（气量）小：心胸～|心眼儿～|这个人心眼儿也太～了

续表

《现汉》释义	重新划分和描写后释义
③ 形（生活）不宽裕：他家的日子过得挺～	③ 形（生活）不宽裕：宽打～用|紧～|～巴|他家的日子过得挺～
	④ 形内容、意义等涉及的范围小：知识面～|思路～|题材～|音域～|戏路～|她的生活圈子太～了
	⑤ 形事物表面展开或覆盖的空间小：～小|狭～|地～人多|水浅港～|天地越来越窄了
	⑥ 形数量少：差幅将明显收～

第四章　知觉类形容词义项划分及描写

第一节　“软”字义项划分及描写

一、建立“软”字平衡语料库并进行标注

根据《现代汉语频率词典》数据，“软”的频率是 0.005 71，使用度是 59，词次是 75。

本书从北京大学现代汉语语料库（CCL 语料库）中下载了 35 类“软”字现代汉语语料，共计 46 224 条约 485 万字。针对不同时间段语料进行分阶段按比例抽取，共获得“软”字 10 000 条约 102 万字语料以建立“软”字平衡语料库。本书抽取的语料在 CCL 语料库中具体分布情况见表 4-1。

表 4-1　“软”平衡语料库分类抽样表

二级分类	三级分类	四级分类	语料数量	抽取数量
当代	CWAC	—	943	500

续表

二级分类	三级分类	四级分类	语料数量	抽取数量
当代	口语	1982 年北京话调查资料	1	1
		对话	80	80
		电视访谈	6	6
	史传	—	723	500
	应用文	中国政府白皮书	10	10
		健康养生	344	334
		法律文献	13	13
		社会科学	258	200
		自然科学	817	500
		药方	253	200
		菜谱	1 175	200
		议论文	57	57
		词典	704	200
		说明书	105	105
	报刊	1994 年报刊精选	3 785	400
		人民日报	8 902	400
		作家文摘	712	300
		市场报	910	400
		故事会	32	32
		新华社	12 011	500
		读书	757	400
		读者	873	400
		青年文摘	16	16
	文学	—	4 228	1 300
	电视电影	文艺	275	275
		非文艺	265	265
	相声小品	—	70	70
	网络语料	—	4 126	600
	翻译作品	应用文	907	500
		文学	2 106	600

续表

二级分类	三级分类	四级分类	语料数量	抽取数量
现代	戏剧		36	36
	文学		724	600
总计			46 224	10 000

逐一对这 10 000 条语料进行义项标注，发现“软”字用在一些专用名词中共计 2 356 条，占 23.56%，如“软饮料（不含酒精的饮料）”“软水（水质不含镁盐或钙盐）”“微软”“软件”等，另有为错字的语料共计 8 条，占 0.08%，如“*软事（轶）”“*软品（饮）”“*软坷（坎）”，这一类语料中对于我们研究“软”字的义项划分和描写意义不大，本书暂时忽略，不加讨论。后文中，对“软”字的义项分布统计，均以 10 000 条语料为计算范本。

二、形容词“软”义项分布情况的描写

（一）“软”在《现汉》中的义项分布

1. 形 物体内部的组织疏松，受外力作用后容易改变形状：柔～|～木|柳条很～

该义项在“软”字平衡语料库中共有 2 921 条，使用频率约为 29.21%。

《说文解字》中没有“软”字，“软”是“輭”的异体字。篆文从车、从而，“而”的本义是胡须，有柔软之意。许慎《说文・车部》中对“輭”的释义为：“丧车也。从车，而声，如之切。”从车，表示车辆；丧车，是古代运灵柩的车辆，“软”本义指用蒲草裹住车轮令行车时不颠簸的丧车。《玉篇・车部》中的释义为“輭，柔也；软，俗”。说明简化后的“软”是一种通俗字体，又表示物体柔弱不坚挺，受外力作用后容易变形的状态，也即《现汉》中“软”的义项①“物体内部的组织疏松，受外力作用后容易改变形状”。

“软”的本义是柔软，是人（皮肤）对物体属性在触觉上的认知，是直

接可以感知的。《现汉》中该义项的释义模式，凸显“软”的形式角色“内部的组织疏松”、施成角色“受外力作用后”和行为角色“容易改变形状”。整理语料发现，表示该义项的语料有 2 921 条，如“软肋”“软管”“细软”“软骨”“软饭”“软椅”“软座”“软组织”等。《牛高》中对应词“soft”该义项释义为“Changing shape easily when pressed；not stiff or hard（按压时易于改变形状；不僵硬也不坚硬）。”《牛高》在释义时也分别抓住了施成角色“pressed”、行为角色“changing shape easily”和形式角色“not stiff or hard”。参照英语词典，根据所标注语料发现，当“软”字主体论元指向具体事物时，“软”展现了具体事物在“受外力作用后容易改变形状”的特征，凸显了主体论元的施成角色和行为角色。

例句如下。

① 他那手又暖又［软］，就像捏住一块阳光下晒过的海绵。（当代\报刊\1994 年报刊精选\01）

② 在米粉中配以蜜枣泥、桂花丝、藕丁、桂圆肉等，吃来糯［软］清甜。（当代\报刊\市场报\市场报 1994 年）

2. 形柔和：～风|～语|话说得很～。

该义项在“软”字平衡语料库中共有 382 条，使用频率约为 3.82%。

人类认知事物和世界的方式总是从具体可感的事物拓展到抽象的事物。周统权指出“隐喻投射是指以隐喻思维的方式在不同的认知域之间进行投射或映射。认知域即人们认知事物的概念领域或范畴领域”。“枕头”“织物”等实体物柔软非常容易变形，在人们触摸时能给人带来触觉上的舒适感，因此当“软”的主体论元延伸到非实体的抽象事物范畴如“语言”“暖风”“线条”“光线”“色调”“内心”等时，“软”由具体的触觉上的感知域投射到心理、方式等抽象的心理域和环境域。如“软风”“软言”“软雨”，它们轻柔软和，没有给人带来强烈的刺激，反而给人带来温和舒适的感觉。《牛高》对应词“soft”该义项从声音、风雨、灯光和颜色三个方面分别释义为“Sounds

not loud, and usually pleasant and gentle（声音不大，通常令人愉快和温柔）；Rain/wind not strong or violent（不强烈或暴力）；Light/colours［usually before noun］not too bright, in a way that is pleasant and relaxing to the eyes（［通常在名词之前］不太亮，以一种令人愉悦和放松的方式）"。《牛高》在释义中抓住了"令人愉悦"这一功能角色，注意到了"软"所描述主体的不同，并据此设立了三个义项，但其义项忽略了对物性角色的区分，第一个义项的主体论元是"sounds"，凸显了形式角色"not loud"和功能角色"pleasant and gentle"，第二个义项的主体论元是"rain/wind"，凸显了评价角色"not strong or violent"，第三个义项的主体论元是"light/colours"，凸显了形式角色"not too bright"和功能角色"pleasant and relaxing to the eyes"。由于三者都是抽象事物且同属属性范畴，形式角色都是"soft"，因此没有必要分列义项。常见的短语有"软硬兼施""心境柔软""软歌""软语""软雨""软风""音质偏软""光线柔软""软磨硬泡""河风松软""身心柔软"。故将原有义项重新描写为以下新的义项。

形（语言、声音、光线、方法手段等）柔和、不激烈、不强硬：～歌|～语|～雨|光线柔～|～磨硬泡|河风～软|她话说得很～，态度却很坚决。

例句如下。

① 因为静下来后心境就柔［软］了，不像过去那么急躁、强硬。（当代\口语\对话\传媒大亨与佛教宗师的对话）

② 当他阐述艰深的难题时，也是一口吴侬［软］语，娓娓道来。（当代\报刊\作家文摘\1993\1993A.）

③ 日本人喜欢清爽、柔［软］、温和的色调，而忌讳绿色。（当代\应用文\社会科学\哈佛管理培训系列全集）

④ 她的声音特别吸引听众，音质偏柔偏［软］，和很多讲师、培训师"慷慨激昂"式的演讲相比，有独特的魅力。（当代\应用文\健康养生\张晓梅 修炼魅力女人）

⑤ 唐王朝硬的一套不行，就采用［软］的手法。（当代\应用文\社会科学\中华上下五千年）

3. 形 身体无力：爬到半山腰，两腿就开始发～。

该义项在“软”字平衡语料库中共有 586 条，使用频率约为 5.86%。

当“软”的主体论元指向人的身体时，整理语料发现常见短语如“手软”“脚软”“全身发软”“腿软如泥”“浑身松软”“双膝一软”“腰膝酸软”等，此时“软”由触觉上的感知投射到身体感知域，当人的身体感知与“受外力作用后容易改变形状”的属性相联系时，“软”描述了人们由于过度劳作、兴奋或由于某些疾病、外界伤害等原因感受到生理上的劳累，这种生理和心理上的折磨同时会给人带来肉体上的无力感，凸显人们受到过度的身心刺激后对自己身体“无力感”的主观感受和评价，属于评价角色。常见的复字词有“酸软”“瘫软”“疲软”“酥软”“松软”。通过检索抽样语料发现，主体论元除了指向人或人的身体以外，还出现了动物，如“鹰王”“驴子”。为了体现义项描写的准确性，建议将原有义项补充修改如下。

形（人或动物）身体没有力气：酸～|瘫～|疲～|酥～|爬到半山腰，两腿就开始发～。

例句如下。

① 这样容易未老先衰，如头发早白、头晕目眩、耳鸣眼花、腰疼腿［软］。（当代\应用文\健康养生\吕万安）

② 他低下头去，在她耳旁不知说了什么，女孩酥［软］得将脸埋在他的左手中。（当代\报刊\读书\vol-067）

③ 鹰王脚一［软］，突地矮了半截，浑身羽毛蓬地炸开，那犀利的眼神，也顿然消失了。（当代\报刊\作家文摘\1997\1997B）

④ 猛地那驴子四腿一［软］，翻身倒毙。（当代\文学\金庸 神雕侠侣）

4. 形 软弱：欺～怕硬|人～被人欺。

该义项在“软”字平衡语料库中共有 345 条，使用频率约为 3.45%。

“软”本义形容物体结构不稳固，受力容易被改变形状的物理属性，当“软”的主体论元指向某一个人或某一社会群体时，“软”修饰人性情里偏负面、消极的一面，意指性情懦弱，不坚强，通常具有贬义色彩，流露出说话人的主观态度，属于评价角色。结合语料，此义项搭配的名词通常是“生性、个性、情绪、意志、阶级”，出现次数较多的多音节词为“软弱”等。为了避免以词释词，循环释义，建议将原有义项重新描写为以下新的义项。

形（个性）怯弱、不坚强：～弱|欺～怕硬|人～被人欺|关键时刻，你不能表现得太～。

例句如下。

① 她既是成功者，又是失败者；她既坚强，又［软］弱。（当代\报刊\作家文摘\1994）

② 因为国内外形势的变化，民族资产阶级的革命性和［软］弱动摇性也常常起着消长。（当代\报刊\读书\vol-031）

5. 形能力弱；质量差：功夫～|货色～

该义项在“软”字平衡语料库中共有 680 条，使用频率约为 6.8%。

语料显示“软”在用于质量域和管理域时，主体论元通常为“行情”“价格”“股市”“商品”“组织”“市场”“管理”“货色”等，此时“软”由触觉上的感知投射到抽象的质量域和管理域，与“受外力作用后容易改变形状”的属性相联系，“软”在此时触觉义减弱，于是产生“商品质量差，专业技能或管理能力弱”的义项，物性角色也由形式角色变为评价角色。常见的复字词有“疲软”“软弱”“服软”“吃人嘴软”“拿人手软”。

例句如下。

① 失业人数仍在上升，就业市场继续疲［软］。（当代\报刊\人民日报\1996年人民日报）

② 压轴是招弟的《红鸾禧》，大轴是名角会串《大溪皇庄》，只有《红鸾禧》［软］一点。（现代\文学\老舍 四世同堂）

③ 王喜嘴里不服［软］，心里却明白，这事也只好算自己栽了。（当代\文学\陈建功 皇城根）

④ 这是男人惯用的伎俩，用小恩小惠拉拢你，让你吃了他的嘴［软］，拿了他的手［软］。（当代\文学\艾米 山楂树之恋）

根据例句①发现，“软”是指就业市场平衡人才供求矛盾的功能偏弱，于是导致就业市场人才积压，失业人数上升的状况。例句②中“《鸿鸾禧》软一点”指的是该剧目演员表演的能力偏弱，功力还欠火候。例句③中“服软”是指低头认输，承认此时此刻或在这件事上自己能力不如人。例句④“吃人嘴软，拿人手软”是一句俗话，意指吃人家的好处了，必要的时候就要给人家说好话；拿人家的东西了，就不要再对人家动手动脚了。指拿了别人的好处，通常会刻意礼让三分，即使人家有缺点或者错误也就不敢说、不敢管了。因此这里的“嘴软”是当说不敢说，“手软”是当管不敢管，说话和行动的能力因受到掣肘而减弱。

6. 形容易被感动或动摇：心～|耳朵～

该义项在“软”字平衡语料库中共有353条，使用频率约为3.53%。

“软”由触觉上的感知域投射到心理域，当人的情绪感知与“受外力作用后容易改变形状”的属性相联系时，“软”凸显了人的情绪受外界影响后容易被感动，不能坚持自己原有的观点甚至改变自己原有的想法与行为的特点，属于评价角色。《牛高》对应词“soft”将该义项释义为“Kind and showing sympathy；easily affected by other people’s pain and problems（善良并表示同情；容易被别人的痛苦和问题所影响）”。《牛高》在释义时凸显了施成角色“by other people’s pain and problems”和形式角色“kind and showing sympathy”。参照英文词典，最终利用“主体论元+物性角色”的释义方式，建议将原有义项重新描写为以下新的义项。

形（情绪）容易被别人感动或动摇：心～|耳朵～|手～|她一哭，他立即就会变～。

例句如下。

① 他们是向客人索要吃的，于是，心肠［软］的游客便将面包扔了过去。（当代\报刊\故事会）

② 他作风顽强，敢打硬仗，但却耳根子［软］。（当代\网络语料\网页\C000023）

③ 而当妻子真的要“滚出去”时，他立刻就会变［软］，跪下来求妻子不要走。（当代\报刊\读书）

④ 他眼神［软］了下来，道：“学校怎么可以这样呢？”（当代\文学\韩寒 三重门）

整理语料发现，常见短语如“脸软”“手软”“心软”“耳朵软”“心肠软”“手慈心软”“一只手硬，一只手软”“失之于软”等。分析例句①和例句②中的主体论元“心肠”和“耳根子”，都属于人的构成角色，但“心软”“耳根子软”却并非指“心”和“耳根子”触觉柔软，而是指人的情绪和行为容易被感动、被改变。例句③和例句④中“他”和“眼神”软下来，态度形容词可以直接与指人名词结合，构成属性值和属性承载体的关系，但从语义关系上看，这些词的语义指向是“态度”，而并非人。因为人本身只能表现外在的、可直接观察到的高矮胖瘦等特征，而内在的一些特征如温和、热情等是不容易被观察到的，它们必须通过一定的行为态度展现出来。

7. 动使不坚定；软化：别想拿眼泪～我的心。

该义项在“软”字平衡语料库中共有 232 条，使用频率约为 2.32%。

通过分析整理语料我们发现，该义项通常以“软+受事论元”的模式出现，如“软了我的心”“软了胆”“软了手腕”“软了腿”“软下心”“软下语调”“软下了身体”等，受事论元通常是指向身体的一部分，从物性结构中的构成角色看，情感必须通过一定的行为态度展现出来“心、胆、手腕、腿、身体”是情感表现的构成部分，于是它就强迫受事论元做情感义解读，当然，受事论元的意义没有发生改变，而是由于强迫作用使其产生了情感义。如“软了手腕”，并不是指手腕变软了，而是“手腕”被“软”强迫解读为“情感”，“软了手腕”意思是情感发生了动摇，行为不再强硬。综上，为了避免以词释词，我们在释义中加入受事论元，建议将原有的义项重新描写为以下新的义项。

动 使情感不坚定；动摇：～了胆|～了手腕|～下身体|别想拿眼泪～我的心。

例句如下。

① 你拿眼泪［软］我的心，你是有意骂我！（现代\文学\老舍长篇 2）

② 妈并没对她［软］下心肠来，这叫她很失望。（当代\网络语料\网页\C000021）

③ 赌徒中虽有持枪的军官，但看这阵势寡不敌众，也就［软］了胆。（当代\报刊\作家文摘\1993）

④ 但到伸手要折，却兀自［软］了手腕。它怎么可以折得？（当代\报刊\作家文摘\1995）

8. 形 没有硬性规定的；有伸缩余地的：～任务|～指标。

该义项在“软”字平衡语料库中共有 571 条，使用频率约为 5.71%。

当“软”的主体论元指向无形的社会物时，“软”由触觉上的感知域投射到社会领域，“物体内部的组织疏松，受外力作用后容易改变形状”的自然物属性特点与抽象的社会物“任务、指标”相联系时，“软”凸显了“非物化要素所构成无形化”的特点，常见的复字词如“软件、软服务、软文化、软科学、软条件、软竞争、软实力、软环境、软盘”等，物体在遭受外界力量后“有弹性、有伸缩余地”的特点，属于评价角色。如“软环境”“软实力”，指物质条件以外一个国家或地区的环境和条件，包括政策、法规、文化、制度、管理、服务、价值观念等方面状况，与刚性的物质条件相比，具有较大的弹性和余地。

例句如下。

① 对干部的能力往往从资历、学历等方面去考察，对政绩的考核似乎成了［软］标准。（当代\报刊\人民日报\1995 年人民日报\3 月）

② 所以“发展是硬道理”，而不是［软］任务。（当代\报刊\1994 年报刊精选\01）

③ 而环保是“［软］指标”，搞好搞坏无关紧要。（当代\报刊\人民日报\1996 年人民日报\10 月）

（二）通过语料库发现的“软”字新义项

通过对所收集语料进行分析，我们发现还有 293 条约占 29.3%的“软”字语料无法用《现汉》中已有的义项加以说明，据此，我们认为应该为现代汉语“软”字释义增加 1 个新义项，具体如下。

（手段）更加柔和、更加隐蔽：～文|～通货|～新闻|～禁|～贷款|～武器

例如，“软刀子”通常指人在精神上不知不觉中受到折磨和腐蚀的手段，与刀子的器具性功能相比，“软”强调了手段的柔和性和隐蔽性；“软禁”指采用非暴力手段限制某人的活动范围，与监狱相比较，手段更柔和，方式更为自由；“软广告”则指通过影视情节、书籍内容等间接形式潜移默化地进行商品宣传，与直接介绍商品的传统形式的“硬广告”相比，用更加委婉迂回的手段让观众记住商品的印象。“软”强调“改变原有方式，使其显得更加隐蔽缓和”的特点，凸显了主体论元和形式角色。常见的短语有“软广告、软营销、软文、软着陆、软武器、软通货、软新闻、软禁、软贷款、软性文学”。

例句如下。

① ［软］文如何写才能引起读者的阅读兴趣？（当代\网络语料\网页）

② 他们走后，在刘善本家门口加了两道门岗，把他全家人都［软］禁了起来，不准周叔璜等人随便进出。（当代\报刊\作家文摘\1995）

③ 然而，每一次换届总能［软］着陆，因为他们懂得保持自知之明、顺

应时代潮流的重要性。（当代\CWAC\CIT0186）

三、小结

综上，对“软”字在现代汉语中的义项重新划分和描写，归结了9个“软”字义项，具体见表4-2。

表4-2 “软”字各义项整理

《现汉》释义	重新划分和描写后释义
① 形 物体内部的组织疏松，受外力作用后容易改变形状：柔～|～木|柳条很～	① 形 物体内部的组织疏松，受外力作用后容易改变形状：柔～|～木|柳条很～
② 形 柔和：～风|～语|话说得很～	② 形（语言、声音、光线、方法手段等）温和、不激烈、不强硬：～歌|～语|～雨|光线柔～|～磨硬泡|河风～软|她话说得很～，态度却很坚决
③ 形 身体无力：爬到半山腰，两腿就开始发～	③ 形 身体没有力气：酸～|瘫～|疲～|酥～|爬到半山腰，两腿就开始发～
④ 形 软弱：欺～怕硬|人～被人欺	④ 形 个性怯弱、不坚强：～弱|欺～怕硬|人～被人欺|关键时刻，你不能表现得太～
⑤ 形 能力弱；质量差：功夫～|货色～	⑤ 形 能力弱；质量差：功夫～|货色～|服～|农药价格疲～|拿人手～|他笔头上还是～了一点
⑥ 形 容易被感动或动摇：心～|耳朵～	⑥ 形 情绪易被别人感动或动摇：心～|耳朵～|手～|她一哭，他立即就会变～
⑦ 动 使不坚定；软化：别想拿眼泪～我的心	⑦ 动 使情感不坚定；动摇：～了胆|～了手腕|～下身体|别想拿眼泪～我的心
⑧ 形 没有硬性规定的；有伸缩余地的：～任务|～指标	⑧ 形 没有硬性规定的；有伸缩余地的：～任务|～指标|～文化|～环境|～竞争
	⑨ 手段更加柔和、更加隐蔽：～文|～通货|～新闻|～禁|～贷款|～武器

第二节 “硬”字义项划分及描写

一、建立“硬”字平衡语料库并进行标注

根据《现代汉语频率词典》“硬”的频率是0.009 43，使用度是100，词

次是 124。本书从北京大学现代汉语语料库（CCL 语料库）中下载了 35 类“硬”字现代汉语语料，共计 43 731 条约 436 万字。针对不同时间段语料进行分阶段按比例抽取，共获得 10 000 条约 101 万字“硬”字语料建立“硬”字平衡语料库。本书抽取的语料在 CCL 语料库中具体分布情况见表 4-3。

表 4-3　“硬”平衡语料库分类抽样表

二级分类	三级分类	四级分类	语料数量	抽取数量
当代	CWAC	—	943	600
	口语	1982 年北京话调查资料	1	1
		对话	72	72
		电视访谈	12	12
	史传	—	293	293
	应用文	中国政府白皮书	2	2
		健康养生	335	335
		法律文献	6	6
		社会科学	340	340
		自然科学	312	312
		药方	171	171
		菜谱	184	184
		议论文	46	46
		词典	892	200
		说明书	103	103
	报刊	1994 年报刊精选	5 106	400
		人民日报	11 488	400
		作家文摘	1 255	400
		市场报	759	300
		故事会	28	28
		新华社	7 346	300
		读书	1 345	500
		读者	1 110	400
		青年文摘	14	14
	文学	—	4 993	1 539
	电视电影	文艺	396	396
		非文艺	265	265

续表

二级分类	三级分类	四级分类	语料数量	抽取数量
当代	相声小品	—	92	92
	网络语料	—	2 170	600
	翻译作品	应用文	554	523
		文学	2 572	500
现代	戏剧	—	66	66
	文学	—	801	600
总计		—	43 731	10 000

逐一对这 10 000 条语料进行义项标注，发现“硬”字用在一些专用名词中共计 1 920 条，占 19.2%，如“硬件”“硬水”“硬盘”“硬脂酸”等，另有为错字的语料共计 12 条，占 0.12%，如“哽咽（*硬）”“哽了声（*硬）”等，这一类语料中对于我们研究“硬”字的义项划分和描写意义不大，本书暂时忽略，不加讨论。后文中，对“硬”字的义项分布统计，均以 10 000 条语料为计算范本。

二、形容词“硬”义项分布情况的描写

（一）“硬”在《现汉》中的义项分布

1. 形物体内部的组织紧密，受外力作用后不容易改变形状（跟“软”相对）：坚～|～木|～煤。

该义项在“硬”字平衡语料库中共有 236 条，使用频率约为 23.6%。

上古汉语中没有“硬”字，“硬”是“坚”的后起字，从石，更声。《玉篇·石部》中将其释为“硬，坚硬”。本义为石头坚固。《说文解字》中将“石”释为：“石，山石也。凡石之属皆从石。”“石”的意义为岩石，所有与“石”相关的字，都以“石”为部件，因此“硬”就泛指物体坚固，也即《现汉》中“硬”的义项①“物体内部的组织紧密，受外力作用后不易变形”。

“硬”的本义是坚硬，是人（皮肤）直接可以感知的对物体属性在触觉上的认知。《现汉》中该义项的释义模式，凸显“硬”的形式角色“内部的组织紧密”、施成角色“受外力作用后”和行为角色“不容易改变形状”。整理语料发现，表示该义项的语料有 236 条，如“硬化”“硬骨头”“硬管”“硬饭”“硬木”“硬砖”“硬座”“硬币”等。《牛高》对应词“hard”该义项释义为“Solid or stiff and difficult to bend or break（坚硬或僵硬，难以弯曲或折断）”。该义项中“solid or stiff”属于形式角色，“difficult to bend or break”是其评价角色。参照英语词典，根据所标注语料发现，当“硬”字主体论元指向具体事物时，“硬”凸显了主体论元的形式角色。

例句如下。

① 水面上露出一条巨大的白鲨鱼。溜滑的腰身，尖［硬］的头颅，狰狞锐利的牙齿。［当代\报刊\读者（合订本）］

② 因而大麻衣物凉爽、不贴身又无骤冷生［硬］感，可作运动服、内衣、凉席等。（当代\报刊\市场报\市场报 1994 年 A）

2. 形（性格）刚强；（意志）坚定：强～|～汉子|话说得～。

该义项在“硬”字平衡语料库中共有 323 条，使用频率约为 32.3%。

当“硬”的主体论元指向实体的事物时，“硬”凸显具体事物形式角色“坚硬，结实”；当“硬”的主体论元指向非实体的抽象事物时，根据形容词“主体论元+物性角色”的释义原则，当主体论元发生变化，即“物”变了，其物性角色也会相应地发生变化，此时“硬”就产生了多义现象。因此，根据“硬”字修饰的主体论元和所激活的物性角色的不同，建议将该条义项重新分类描写为以下四条新的义项。

（1）（性格）刚强；（意志）坚定。a）（行为、性格、话语等）刚强、坚定、不可动摇：强～|～汉子|～气；b）（行为、性格、话语等）生硬、严肃、固执或冷酷，凶狠：嘴～|心肠～|手黑心～。

整理语料可知，当“硬”所描述的主体指向“性格”“脾气”“动作”“手段”“话语”“意志”等抽象名词时，“硬”由具体的触觉域投射到行为言语域及抽象的心理域、才品域，硬物体“受外力作用后不易改变的特征”与人性格刚强、意志坚定、态度坚决、不容易动摇有相似之处，“硬”凸显主体主观积极评价，属于评价角色，于是产生了“（行为、性格、话语等）刚强、坚定、不可动摇”之义，常见的短语有“硬汉”“刚硬”“硬气”“硬女人”“硬骨头”“硬脾气”“硬茬儿”。

例句如下。

① 大家的决心［硬］，情绪高，这很好！（当代\文学\老舍长篇 3）

② 树立信心，坚决做到两手抓，两手都要［硬］，两手要同步进行。（当代\报刊\人民日报\1993 年人民日报\5 月）

③ 张爱玲的那个形象是蛮［硬］的，蛮倔的。（当代\电视电影\非文艺\百家讲坛）

④ 他不放手，用一种更坚定、强［硬］无比的眼光盯住她。（当代\文学\岑凯伦 青春偶像）

“硬”同样由触觉域投射到抽象的心理域和才品域。但由于硬物体可能会给人带来不舒服的感觉与坚定刚强的人不愿意妥协、不会让步，也容易给别人带来不好的感觉相似，“硬”凸显主体主观消极评价色彩时，就会产生“（行为、性格、话语等）生硬、严肃、固执”的意义，如果超出某种极限，甚至还可以产生“固执强横、冷酷凶狠”的意义，属于消极评价角色。常见的复字词有“软硬兼施”“心硬”“嘴硬”“强硬”“生硬”“硬生生”“软磨硬泡”“冷硬”。

例句如下。

① 可是他们却嘴［硬］，死不承认。（当代\口语\对话\李敖对话录）

② 你别牙关［硬］，我有你宋宝森的活证。（当代\文学\曲波 林海雪原）

③ 他夸奖蓝毛心［硬］手黑，勇敢泼辣，两人互相掏出纸烟礼让着。（当代\文学\李英儒）

“例以明义”。例句①和例句②中“硬”与“嘴/嘴头、口、牙关、舌头”等名词搭配时，“硬”并非指“嘴/嘴头、口、牙关、舌头”的质地坚硬，而是修饰“嘴/嘴头、口、牙关、舌头”里说出来的“语言”，激发的是“嘴/嘴头、口、牙关、舌头”等名词的功能角色，凸显语言的生硬或言辞的激烈与强硬。例句③中当“硬”与“心肠、心儿、肚肠、眼”搭配时，同样，“硬”并非指“心肠、心儿、肚肠、心眼”的质地坚硬，而是修饰“心肠、心儿、肚肠、眼”里的“想法”，激发的是“心肠、心儿、肚肠、心眼”等名词的功能角色，用来凸显人的心性冷酷。

（2）（身体部位）结实、僵硬。a）（身体部位）强劲有力：～朗|～实；b）（人或动物四肢）僵硬、不协调：僵～|～梆梆；c）比喻（思想）保守，缺乏创新。

当“硬”的主体论元指向“人的身体部位”时，物体“内部组织紧密”这一特征使物体具有坚固结实的特点，这一特点与人体的强劲健壮有相似之处，“硬”由物体域投射到人体域并且凸显主体主观积极评价色彩时，就产生了“（身体部位）强劲有力，（血气、体力等）健旺强盛”等意义，属于评价角色。常见的复字词有“硬朗”“硬实”“硬朗朗”。

例句如下。

① 老人一辈子都坚持练太极拳，把身子骨儿练得［硬］朗朗的。（当代\应用文\健康养生\给老爸老妈的 100 个长寿秘诀）

② 我已经游了 3 年了，以前身体不好总爱感冒发烧什么的，自从冬泳后身体［硬］实多了，冬泳确实是一服好药。（当代\报刊\新华社\新华社 2003 年 2 月份新闻报道）

当“硬”的“内部组织紧密”“受外力作用后不易改变”这两个特征同时由物体域投射到身体域时，物体不柔软、不容易移动的特性与人或动物的肢体僵硬，不协调有相似之处，就会产生“（人或动物身体部位）僵硬、不协调”的意义。当“硬”与“头/脑”搭配时，“硬”并非指“头/脑”的质地坚硬，而是修饰“头/脑”里的“思想”，激发的是“头/脑”的功能角色，凸显“头/脑”不灵活与僵化，于是就产生“（思想）保守，缺乏创新”的比喻义，常出现的主体论元有“政策”“组织”“机制”“体制”“模式”“思想”“原则”“思路”等。

例句如下。

① 一进春藕斋，他的胳膊腿立刻僵［硬］得像木棍似的，紧张得脸色苍白。（当代\报刊\读者）

② 李银珍觉得自己的小腿肚子发［硬］，她转筋了。（当代\报刊\1994 年报刊精选\06.txt）

③ 这个机构曾是那么有效率，然而现在却变得僵［硬］不能适应环境变化。（当代\CWAC\CMT0202）

④ 等她见到死者那张一向含情脉脉地望着她、如今已是僵［硬］、灰暗、毫无生气的脸庞时，她还是会哭的。（当代\报刊\读者（合订本））

（3）（行文或书法、线条、光线）强劲有力：线条～|用笔～|轮廓生～

当“硬”的“受外力作用后不易改变”这个特征由物体域投射到线条域时，物体不柔软、僵硬的特性与线条刚硬有力有相似之处，就会产生“（行文或书法、线条、光线）强劲有力”的意义。当“硬”与“行文或书法/线条”搭配时，激发的是“行文或书法/线条”的形式角色，凸显“行文或书法/线条”刚硬有力的特点，属于评价角色。常出现的主体论元有“笔画”“线条”“轮廓”“间架”等。

例句如下。

① 燕文字工整而较呆板，笔画僵［硬］，多用方折；齐文字体式修长，笔画匀整，喜用繁饰。（当代\CWAC\ALB0035）

② 通缉令上的那张尚留有棱角的、多少略显有点生［硬］稚气的国字脸的形态，比那一张脸圆润许多且红光满面且更精于世道。（当代\口语\对话\女记者与大毒枭刘招华面对面）

③ 新烫的头发揉乱了，发尾子枝桠般生［硬］地张着。（当代\文学\白先勇 一把青）

④ 朱子柳笔意斗变，出手迟缓，用笔又瘦又［硬］，古意盎然。（当代\文学\金庸 神雕侠侣）

⑤ 那束坚［硬］的光使我意识到，他已经知道他该知道的东西。（当代\文学\卫慧 上海宝贝）

（4）（命运）凶险，多折磨：命～

当“命”与“硬”组成词组时，指称人的命运不平、多折磨，或是生辰八字不好，易刑克亲属。由物体的“坚硬，结实”可以联想到命运的“硬”，即“人命运凶险，多折磨”。

例句如下。

① 方才听太太说，新近请人为他评命，命［硬］得很，婚姻不会到头。（现代\文学\钱钟书）

② 他大声说：“吴大叔那可万万使不得！我命［硬］克妻，我不忍心五女妹妹有个三长两短。”（当代\文学\陈忠实 白鹿原）

3. 副坚决或执拗地（做某事）：不让他去，他～要去。

该义项在“硬”字平衡语料库中共有 1 560 条，使用频率约为 15.6%。

副词的主要作用是修饰动词或形容词性词语，因此副词性义项的变化常与所修饰的动词或形容词性词语的属性有关系。当“硬”的“受外力作用后不易改变”这一特征由物理属性域投射到具体的行为域时，“硬”通常放在动词前面，并强调强调主体的主观感受，凸显主体论元做事过猛过急，不讲方法强行行动的特征，于是产生“强行地、执拗地”的意义。

例句如下。

① 报告蒋专员，行动组愿打头阵，车到山前必有路，［硬］闯不行，我们就智取！（当代\报刊\作家文摘\1993）

② 事后，“有人认为，小宋救人精神可嘉，但‘逼’司机载人，［硬］拉

围观群众‘入伙’，是得理不饶人”。（当代\报刊\人民日报\1993年人民日报\2月份）

③ 在戊戌年，她［硬］不割让三门湾给意大利。（当代\CWAC\AHB0018）

4. 副勉强地（做某事）：～撑|他一发狠，～爬上去了。

该义项在“软”字平衡语料库中共有960条，使用频率约为9.6%。

当“硬”受外力作用后不易改变这一特征由物理属性域投射到抽象的才品域，“强硬”是指人的意志坚强，不容易因外界而动摇，当超出一定的极限时，“硬”就形成了“强行、执拗”的意义，不仅可以体现在自身行为上，还可体现在自身对他人的要求上，产生“违背他人意愿，强迫做某事”的意义。“硬”的该副词性义项用于描述人们做事情的程度，相当于“勉强地、竭尽全力地、努力地”。常见复字词如“硬撑”“硬干”“硬顶”“死记硬背”“生搬硬套”“硬装”“硬着头皮”“硬接”等。

例句如下。

① 他认为中国社会经济的历史演变过程有许多是不能由［硬］套刻板公式去解明的，虽然提出任何特殊经济发展规律固然很难。（当代\CWAC\APB0063）

② 我是讲义气的。可是，老是让我［硬］接也不行啊。（当代\报刊\作家文摘\1994）

③ 他是一位严肃的作家，写不出来是不肯［硬］写的。我们知道，这三十多年他只写了三个剧本。（当代\报刊\读书\vol-117）

5. 形（能力）强；（质量）好：～手|货色～。

该义项在“硬”字平衡语料库中共有350条，使用频率约为3.5%。

当“硬”修饰的对象指向“能力”“货色”“本事”“队伍”“技术”“学历”“纪律”“学问”“才气”等名词时，“硬”由具体的物体域投射到抽象的才品域，凸显了“硬”的主体论元“能力、质量”及其评价角色“强、好”。

与产品质量过硬，人的技能高超有相似之处，“硬”凸显了“能力强，有足够的实力完成某目标；质量好，不容易损坏”之义。常见的短语有“过硬”“硬本领”“硬功”“硬路子”“硬后台”“硬学问”“硬才气”。

例句如下。

① 可她一没本事，二没［硬］路子，不靠婚姻哪里有门让她进？（当代\文学\方方）

② 嗬，这角儿［硬］啊！（当代\相声小品\中国传统相声大全）

③ 在没有很［硬］的理由之前，我们不能拒绝他的证言。（当代\网络语料\网页）

④ 本当他是位深藏不露的风尘异人，如今才知道他一张嘴虽硬，一双手却不［硬］。（当代\文学\古龙 小李飞刀）

6. 形硬性的：～指标|～任务。

该义项在“硬”字平衡语料库中共有 760 条，使用频率约为 7.6%。

考察语料发现，该义项“硬”的主体论元通常指向“指标”“任务”“计划”“约束”“事实”“通货”等抽象名词，并且凸显物性角色不同，这里主要凸显其形式角色“不可更改的，不可推卸的”。常见的短语有“硬计划”“硬性”“硬任务”“硬事实”“硬通货”“硬道理”“硬科学”。因此，采用“主体论元+形式角色”的释义方式，为了避免《现汉》中以词释词，组合对释的释义方式，建议将该义项用描写的方法重新修改为以下新的义项。

形不可更改的，不可推卸的：～指标|～任务|～道理|～通货|～科学。例句：

① 有这样的“［硬］”措施，效果就是好。（当代\报刊\人民日报\1993 年人民日报\4 月）

② 但是历史的事实是最过［硬］的，任何谎言和诬陷都抹不掉。（当代\报刊\作家文摘\1994）

③ 人拥有权利，就可以使这个人获得一道坚固的道德屏障，“权利是最［硬］的道德货币”。（当代\CWAC\AST0119）

（二）通过语料库发现的“硬”字新义项

通过对所收集语料进行分析，我们发现还有 40 条“硬”字语料无法用《现汉》中已有的义项加以说明，据此，我们认为应该为现代汉语“硬”字释义增加 1 个新义项，具体如下。

副确实、真正：橄榄菜～是绿得馋人。

通过整理语料库发现，其中共计 40 条语料，例如，“彭友高［硬］是吃了秤砣铁了心”“如果革命［硬］是需要俺和洋顾问结婚”“石塘乡乡长［硬］是挨了他一记耳掴子”“橄榄菜［硬］是绿得馋人”“一本正经却［硬］是有几分尴尬”中的“硬”字不能用“强行地、执拗地；勉强地、竭尽全力地”代入释义，显然，《现汉》已有的副词义项释义还不够准确全面。通过统计，该义项“硬”字通常处于谓语前，修饰动词时，语义表强调和肯定。“硬”本义是形容物体坚固，坚硬，承受外部压力时更不易损坏的特点，在长时间的语言使用过程中，逐渐形成了更具主观倾向的，表肯定和强调的“确实，真正”义。

例句如下。

① 但他此刻也不知怎地，［硬］是不敢将这柄匕首刺出去。（当代\文学\古龙 小李飞刀）

② 他虽然勉强笑笑，却［硬］是笑不出。（当代\报刊\读书\vol-168）

三、小结

综上，对“硬”字在现代汉语中的义项重新划分和描写，归结了 10 个“硬”字义项，具体见表 4-4。

表 4-4　“硬”字各义项整理

《现汉》释义	重新划分和描写后释义
①形物体内部的组织紧密，受外力作用后不容易改变形状（跟“软”相对）：坚～|～木|～煤	①形物体内部的组织紧密，受外力作用后不容易改变形状（跟“软”相对）：坚～|～木|～煤
②形（性格）刚强；（意志）坚定：强～|～汉子|话说得～	②形（性格）刚强；（意志）坚定。a）（行为、性格、话语等）刚强、坚定、不可动摇：强～|～汉子|～气；b）（行为、性格、话语等）生硬、严肃、固执或冷酷，凶狠：嘴～|心肠～|手黑心～。 ③形（身体部位）结实、僵硬。a）（身体部位）强劲有力：～朗|～实；b）（人或动物四肢）僵硬、不协调：僵～|～梆梆；c）比喻（思想）保守，缺乏创新： ④形（行文或书法线条光线）强劲有力 ⑤形（命运）凶险，多折磨：命～
③副坚决或执地（做某事）：不让他去，他～要去	⑥副坚决或执地（做某事）：不让他去，他～要去
④副勉强地（做某事）：～撑|他一发狠，～爬上去了	⑦副勉强地（做某事）：～撑|他一发狠，～爬上去了
⑤形（能力）强：（质量）好：～手|货色～	⑧形（能力）强：（质量）好：～手|货色～
⑥形硬性的：～指标|～任务	⑨形不可更改的，不可推卸的：～指标|～任务|～道理|～通货|～科学
	⑩副确实、真正：橄榄菜～是绿得馋人

第五章　性状类形容词义项划分及描写

第一节　“紧”字义项划分及描写

一、建立“紧”字平衡语料库并进行标注

根据《现代汉语频率词典》数据，“紧”的频率是 0.03287，使用度是 331，词次是 432。本书从北京大学现代汉语语料库（CCL 语料库）中下载了 35 类“紧”字现代汉语语料，共计 158 228 条约 1 578 万字。针对不同时间段语料进行分阶段按比例抽取，共获得“紧”字 10 000 条约 105 万字语料建立“紧”字平衡语料库。本书抽取的语料在 CCL 语料库中具体分布情况见表 5-1。

表 5-1　“紧”平衡语料库分类抽样表

二级分类	三级分类	四级分类	语料数量	抽取数量
当代	CWAC	—	837	200
	口语	1982 年北京话调查资料	9	9
		对话	113	60
		电视访谈	55	25

续表

二级分类	三级分类	四级分类	语料数量	抽取数量
当代	史传	—	1 053	200
	应用文	中国政府白皮书	80	40
		健康养生	580	150
		法律文献	41	30
		社会科学	979	290
		自然科学	383	100
		药方	148	48
		菜谱	167	67
		议论文	246	60
		词典	843	200
		说明书	43	20
	报刊	1994 年报刊精选	14 819	1 000
		人民日报	37 830	2 000
		作家文摘	4 234	500
		市场报	1 580	300
		故事会	126	80
		新华社	45 494	1 000
		读书	2 825	150
		读者	3 383	200
		青年文摘	41	21
	文学	—	18 307	1 400
	电视电影	文艺	1 951	100
		非文艺	590	50
	相声小品	—	671	100
	网络语料	—	5 485	400
	翻译作品	应用文	2 060	200
		文学	10 780	700
现代	戏剧	—	270	70
	文学	—	2 206	230
总计		—	158 228	10 000

逐一对这 10 000 条语料进行义项标注，发现“紧”字用在一些专用名词

中共计 35 条，占 0.35%，如“紧口痢”“紧脉”“浮紧”“沉紧”等，另有“紧”为错字的语料共计 11 条，占 0.11%，如“紧侨”“紧认”等，这一类语料中对于我们研究“紧”字的义项划分和描写意义不大，本书暂时忽略，不加讨论。后文中，对“紧”字的义项分布统计，均以 10 000 条语料为计算范本。

二、情状类形容词“紧”义项分布情况的描写

（一）“紧”在《现汉》中的义项分布

1. 形物体受到几方面的拉力或压力以后所呈现的状态：绳子拉得很～|鼓面绷得非常～。

该义项在“紧”字平衡语料库中共有 1 462 条，使用频率约为 14.62%。

许慎《说文解字》十三篇糸部对“紧”的解释是“缠絲急也。从臤，从絲省。糾忍切”，“臣”在《说文》（许慎，2005）中的解释是“牵也。事君也。像屈服之形。”“臣”是“囚俘”，“紧”由“臣”字上加了“又”，又加了表示丝线的“糸”组成，是会意字。据此，黄典诚在《释“紧”》中将“紧”本义的解释为“以手取俘，犹恐其亡，系之以绳索，可无逃脱之患也。然系之惟紧，方免意外。此紧之所以有‘缠丝急’之义也。”“紧”本义为“俘囚义”，由此引申出缠丝时受到外部拉力后所呈现的紧张状态，也即《现汉》中“紧”的义项①“物体受到几方面的拉力或压力以后所呈现的状态”。

《现汉》中该义项凸显了“紧”的主体论元“物体”及其施成角色“受到几方面的拉力或压力”和形式角色“呈现的状态”。《牛高》中对应词“tight”该义项释义为“stretched or pulled so that it cannot stretch much further.（拉伸或拉扯到使其无法进一步拉伸的状态。）”运用了施成角色“stretched or pulled”与评价角色“it cannot stretch much further”释义。参照英语词典发现，应当加入评价角色“使其无法进一步拉伸的状态”，因此建议将原有释义用“主体论元+施成角色+评价角色”的释义模式修改为如下新的义项。

（1）形物体受到几方面的拉力或压力以后无法进一步拉伸的状态：绳子拉得很～|鼓面绷得非常～|把布固定在架子上绷～。

该义项在“紧”字平衡语料库中共有215条，使用频率约为2.15%。

根据所标注语料发现，当“紧”字主体论元为具体事物时，通常指向“衣服”“皮肤”“腹肌”“头发”“鼓面”“绳子”“带子”等，如“皮肤紧绷”“又肿又紧的脸”“紧绷的弦”“松紧带”“紧身衣”“腹肌紧绷”“头发箍得很紧”等。“紧”字凸显了具体事物的施成角色“受到几方面的拉力或压力以后”和评价角色“无法进一步拉伸的状态”。

例句如下。

① 子珍的肚子越来越大，衣服箍得［紧］［紧］的。（当代\报刊\作家文摘\1993）

② 最好睡硬板或绷［紧］的棕绷。（当代\应用文\健康养生\养生与健美方法100例）

③ 但是女人谁不希望自己的皮肤永远细致［紧］绷，皱纹永远不要找上门。（当代\应用文\健康养生\姬晓安 好肤色 吃出来）

根据形容词“主体论元+物性角色”原则，当主体论元发生变化，其物性角色也会相应地发生变化，这时形容词就有可能产生新的义项。标注语料可知，当主体论元为抽象事物时，此时“紧”修饰的对象通常有两类。一类是“情绪”“语气”“神色”“脚步”“神情”“神态”“内心”“目光”“思维”“心情”“心头”“精神”“情绪”“眼神”“声音”“脸色”等与人有关的名词。例如，“喉口发紧”“神色紧张”“脸色板紧”“双目紧张而无神”“心里紧得发慌”“声音发紧”。另一类是“风声”“气氛”“局面”“局势”“情节”“关系”“形势”“空气”“状态”等与外在环境有关的词语。例如，“风声紧”“气氛紧张”“局势越来越紧”“故事情节紧张”“会议室里的空气越来越紧张”。

当该义项的主体论元指向人物的精神状态时，凸显的是人物的焦虑、不安或愤怒的精神感受，强调的是评价修饰关系。《牛高》中“tight”对应义项将之释义为“Expression/voice looking or sounding anxious，upset or angry（表情/语音 看起来或听起来焦虑、不安或愤怒）”。该义项中“紧”属于心理范畴，其主体论元为“表情/语音”，“看起来或听起来焦虑、不安或愤怒”是其评价角色。《朗高》中“tight”对应义项释义为“Expression/smile/voice a tight expression，smile，or voice shows that you are annoyed or worried（表情/微笑/声音 紧绷的表情、微笑或声音表明您很恼火或担心）”。该义项中“紧”属于心理范畴，其主体论元为“表情/微笑/声音”，“表明您很恼火或担心”是其评价角色。外界的压力或某些疾病等原因会给人带来精神上的痛苦，这种生理和心理的综合感受往往表现为高度戒备、焦虑不安或不舒服的状态，凸显了人在遭受压力后复杂的生理和心理感受。人的精神状态不仅会在人物表情中自然展现，也常常会下意识地随着人物的语音和行为凸显。

例句如下。

① 第一次在那么多人面前讲话，人太多使我有点［紧］张，因为我没有准备。（当代\口语\对话\国内私募基金经理对话）

② 其中一位女郎转过身来，双眸凝视着自己。他觉得喉头阵阵发［紧］，粗气直喘。（当代\翻译作品\文学\人性的枷锁）

③ 这种病的临床症状一般是以焦虑［紧］张为核心症状，常伴随有胸闷气短的忧郁症状。（当代\应用文\健康养生\吕万安 一看就懂的中医养生智慧）

当该义项修饰的主体论元指向外部环境时，《牛高》对应词“tense”该义项释义为“（of a situation，an event，a period of time，etc）in which people have strong feelings such as worry，anger，etc. that often cannot be expressed openly（一种情况、一个事件、一段时期等）人们有强烈的情绪，如担忧、愤怒等，往往无法公开表达”。该义项中“紧”的主体论元为“people”，评价角色为“worry，anger”，其组成角色为“cannot be expressed openly”。《柯高》中释义为“A tense situation or period of time is one that makes people

anxious，because they do not know what is going to happen next.” 同样指出了“紧”的主体论元“people”及其施成角色“they do not know what is going to happen next”和评价角色“anxious”。参考英语词典可以发现，当另一类主体论元是“风声”“气氛”“局面”“局势”“情节”“关系”“形势”“空气”“状态”等与外在环境有关的词语时，例如,“风声紧”“气氛紧张”“局势越来越紧”“故事情节紧张”“会议室里的空气越来越紧张”，从语义关系上看，这些词的语义指向是“人”，而并非外在环境。因为形势或气氛等戒备和不稳定的状态，它们必须通过人的情绪态度展现出来。

例句如下。

① 这一点缓和了国际[紧]张局势，也缓和了各敌对集团的强硬态度。(当代\翻译作品\应用文\全球通史)

② 一阵沉默——[紧]张的、令人难以忍受的沉默。[当代\报刊\读者(合订本)]

③ 这样做虽然可以取得一些艺术上的效果，使人物突出，故事情节[紧]张热闹。(当代\报刊\读书)

综上，尽管“紧”字主体论元分别指向人的精神状态和外部环境两类，但二者实质同属情绪范畴，形式角色都是“anxious”，所以没有必要分列义项。为了体现义项描写的准确性，根据“主体论元+施成角色+评价角色”释义原则建议在《现汉》原有义项基础上再重新增加一条新的义项，具体如下。

(2) 形 (环境或人的精神) 受到外界压力后造成的高度戒备、焦虑不安或不稳定的状态：～张|心里～得发慌|声音发～|局势很～|气氛～张|两国之间关系～张。

2. 形 物体因受外力作用变得固定或牢固：捏～笔杆儿|把螺丝钉往～里拧一拧◇眼睛～盯住他|～记着别忘了。

《现汉》该义项并未区分主体论元具体和抽象的区别，而是将二者并为一谈。配例“捏紧笔杆儿”“紧记着别忘了”中前者的主体论元是“笔”，目的论元是“变得固定或牢固”，后者的主体论元是“某件事”，目的论元是“别忘了”。形容词采用的是“主体论元+单个物性角色”的释义模式，即形容词义项的描写具有单一性，所以词典在解释义项时要突出该物性角色所修饰对象的唯一性，因此修饰具体事物与修饰抽象事物的部分不宜并列义项，为避免带来歧义，我们根据“紧”字主体论元的变化，从具体事物和抽象事物两个不同角度归类，建议修改《现汉》原有义项的配例并在原有义项的基础上再增加一条新义项，具体如下。

（1）形物体因受外力作用变得固定或牢固：捏～笔杆儿|把螺丝钉往～里拧一拧|门～关着|瓶口塞～别漏气。

该义项在“紧”字平衡语料库中共有 1 184 条，使用频率约为 11.84%。

该义项通常跟在动词的前后，用来修饰动词，《现汉》该释义方式凸显了“紧”的主体论元“物体”以及施成角色“因受外力作用”和形式角色“固定或牢固”，强调了物体在接受外力后呈现得更为牢固的状态。《朗高》对应词“tight”将该义项释义为“A screw，lid，etc. that is tight is firmly attached and difficult to move（拧紧的螺丝、盖子等牢固连接且难以移动）”，指出了主体论元“a screw，lid，etc.”及其“tight”的形式角色“firmly”以及目的论元“attached and difficult to move”。结合语料，该义项的主体论元通常指向具体事物，如“瓶塞”“螺丝钉”“盖子”“把手”“扣子”“裤带”“方向盘”“文件”“双手”“坛子”“茶叶”“口袋”“牙关”“大门”“眉头”，常见的复字词有“抓紧”“揪紧”“抱紧”“关紧”“攥紧”“握紧”“盖紧”“压紧”“扎紧”“咬紧”“揣紧”“紧闭”“紧固件”“紧锁”“紧固”等。

例句如下。

① 置于 100 毫升量瓶内，加水到刻度，然后塞［紧］瓶塞。（当代\CWAC\SCL0411）

② 他衣服扣子系得［紧］［紧］的，就像是达官显贵中的平民。［当代\报刊\读者（合订本）］

③ 大家勒［紧］裤带攒钱，平时连油也舍不得吃。（当代\报刊\作家文摘\1993）

一个词的原始义靠着隐喻等多种联想，会出现多次编码，于是形成了词典的多个义项。“小柳青的小手紧紧抓住那本绿色的就读证和李副主席的信”中“就读证和信”在小柳青“抓”这个外力作用下与手连在一起，呈现难以分离的状态；句子“关系党和国家命运的大事，必须切实抓紧抓好”中，人们抓住二者之间的相似性，开始将物的“牢固、难以移动”的这个属性映射到人的意识域，于是当“紧”修饰的对象是抽象事物“关系党和国家命运的大事”时，“紧”分化出“严格控制，不放松”的义项。《牛高》对应词“tight”对该义项释义为“Very strict and hard to resist，avoid，etc（非常严格，难以抗拒、避免等）”。该义项中“紧”属于心理范畴，其主体论元为“人”，“very strict”是其形式角色，“hard to resist，avoid”是其评价角色。参照《现规》“紧”字义项⑥“形严格；严紧：管得太～|大院的门户～，外人很难进去。”，以及《现学》“紧”字义项③“比喻不放松：眼睛～盯住他|～记着别忘了”，两个释义都点明该义项的主体论元指向“人”，凸显了其形式角色“严格，不放松”，最终建议将该义项描写为如下新义项。

（2）形严格控制，不放松、不松懈的样子：眼睛～盯住他|～记着别忘了|这家伙嘴～得很，什么也不愿说。

该义项在“紧”字平衡语料库中共有 397 条，使用频率约为 3.97%。结合语料，常见的复字词如“看紧”“盯紧”“口紧”“嘴紧”“（政策）收紧”“抓紧（时机）”“紧紧注视”“守紧（信仰）”等。

例句如下。

① 形影不离、不露声色地看［紧］了曹聚仁。（当代\报刊\作家文摘\1993）

② 要把深入学习贯彻江主席“七一”重要讲话作为全军当前的重大政治任务和长远的战略任务抓［紧］抓好。（当代\报刊\新华社\新华社 2001 年 9 月份新闻报道）

③ 美国收［紧］了对飞行学校为外国人提供驾驶训练的管制。(当代\史传\打工皇帝唐骏)

3. 动使紧：～了一下腰带|～～弦|～一～螺丝钉。

该义项在“紧”字平衡语料库中共有31条，使用频率约为0.31%。

该义项常见的词语有“紧箍咒”“紧肤”“紧紧腰”“紧身”等。通常以“紧+受事论元”的模式出现，其中“紧”突出指向的是受事论元，所以在描写义项时要指明受事论元。根据标注语料可知，受事论元通常指向具体事物如“箍”“衣服”“腰带”“螺帽”“弦”“绳子”“皮肤”等，目的论元是“使事物绷直或固定”。作为本书释义来源的《现汉》《现规》《现学》三本辞书对该义项的描写采用的都是“以词释词”的方式，这种释义方式容易造成语义冲突，会使词典的使用者难以理解，相比之下，描述性的话语更容易让人理解，故将《现汉》原有的义项利用“目的论元+受事论元+结果论元”释义，建议用描写的释义方法将该义项修改为如下新义项。

动出于某种目的使事物更加绷直或者固定：～了一下腰带|～～弦|～一～螺丝钉|把鞋再～一下|把绳子再～～|螺帽儿～不动了。

例句如下。

① 他大约从来没有见过这么精美的棋具，很小心地摸，又［紧］一［紧］手脸。(当代\文学\阿城)

② 蛋清面膜有［紧］肤除皱和清除污垢之效。(当代\应用文\健康养生\养生与健美方法100例)

③ 他像没有看见，起来［紧］了［紧］腰踉跄着向外面移步了。(现代\文学\散文3)

4. 形非常接近，空隙极小：抽屉～，拉不开|这双鞋太～，穿着不舒服|他住在我的～隔壁◇全国人民团结～。

该义项在“紧”字平衡语料库中共有2 013条，使用频率约为20.13%。

物体在受到外力作用的推拉后，会变得更加接近，所以“紧”字由拉伸义引申产生“非常接近，空隙极小”的义项。《现汉》该义项凸显了“紧”的形式角色。参考《牛高》对应词“tight”该义项释义“[usually before noun] with things or people packed closely together，leaving little space between them（[通常在名词之前]与事物或人紧密地挤在一起，它们之间几乎没有空间）”，在释义中凸显了主体论元“things or people”以及形式角色“closely”。结合语料，我们发现，当“紧”该形容词义项修饰的对象从具体的物品类名词转换到抽象的事物类名词时，“紧”的意义也会随之发生改变。一个词的具体意义和抽象意义有着本质的区别，因此词典释义应该为这两类意义单独设立义项。为了体现释义的准确性，我们将原有的义项增加主体论元重新描写并增加一条新的义项，具体如下。

（1）形（人或事物之间）非常接近，几乎没有空间：～密|～邻|～跟|～接|手套戴着太～|门～得拉不开。

“紧”字该形容词义项的主体论元通常指向具体的物品类名词，强调了物体之间呈现的一种“空隙极小”的空间状态，凸显了“紧”的形式角色。谭景春认为，释义行文要用浅显的现代汉语普通话书面语。“空隙”“空间”这两组词无论是从人们认知还是各辞书释义上看，后者都更为具体、浅显。因此，将《现汉》原有义项用“主体论元+物性角色”描述为“（人或事物之间）非常接近，几乎没有空间”。通过标注语料，发现常见的复字词如“紧缩”“紧逼”“紧靠”“紧挨”“紧实”“紧跟”“紧邻”“紧追不舍”“紧贴”“紧靠”“（汤汁）收紧”“压紧”等。

例句如下。

① 他们［紧］挨着坐在一起，聊得很投机。（当代\史传\中国北漂艺人生存实录）

② 缓慢地用力向下拉抻，就像向下拉一个［紧］缩的弹簧。（当代\应用文\健康养生\养生与健美方法 100 例）

③ 枝条就像魔爪似的向同一个方向伸了过来，把人卷住，而且越缠越

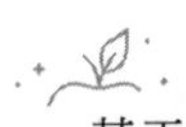

[紧]。(当代\应用文\自然科学\中国儿童百科全书)

④ 第二局双方均发挥良好，比分咬得很[紧]，一直打到 19 平。(当代\报刊\人民日报\1994 年人民日报\第 4 季度)

标注语料发现，“紧”字该形容词义项的主体论元通常指向抽象名词，如“情节”“意识形态”“关系”“感情”“精神”等，强调了主体论元之间呈现的一种“密切而强大的联系”状态，显示人们对事物状态的主观评价，凸显评价角色。常见的复合词如“(关系)紧密”“紧紧(围绕)”“紧扣(中心、时代)”“紧密(联系、交织、合作)”“紧紧相连”等。参考《牛高》对应词“tight”该义项释义“Having a close relationship with somebody else or with other people(与他人或其他人有密切关系)”，释义也同样凸显了主体论元“relationship with somebody else or with other people”及评价角色“closely”。最终利用主体论元、论元的形式角色以及评价角色释义，将该义项描写为如下新义项。

(2) 形关系非常接近，有密切的联系：～密|～～团结在一起|～扣中心|这两家公司关系～密。

例句如下。

① 我们军队要[紧]密地配合这个大局，而且要在这个大局下面行动。(当代\应用文\议论文\邓小平文选 3)

② 他感受最深的一点是，大家[紧][紧]围绕一个主题。(当代\报刊\1994 年报刊精选\01)

③ 包括电影，各集的时间距离不宜过大，线不能太长，线长易断，还是[紧]凑些好。(当代\报刊\人民日报\1993 年人民日报)

5. 形动作先后密切接连；事情急：～催|一个胜利～接着一个胜利|他～赶了几步，追上老张|风刮得～，雨下得急|任务很～|抓～时间。

该义项在所建“紧”字平衡语料库中共有 3519 条，使用频率约为 35.19%。

《广雅》曰：“紧，急也。”通过语料，可发现“紧”的该形容词性义项

用来描述“动作密切连接”或“事情急迫”的状态，在释义中凸显了主体论元“动作、事情”等现象和形式角色“密切接连、激急”。如“风刮得紧”，指风刮的动作紧密相连，一阵接着一阵，突出风的猛烈。常见复字词如“抓紧”“加紧”“紧急”“打紧”“赶紧”“紧迫”“紧赶慢赶”“（工作、比赛、训练、节奏、学习）紧张”“紧锣密鼓”“紧三火四”“紧张（谈判、施工、部署、活动、调试）”等。

例句如下。

① 大家就这样一步一个脚印，一环［紧］扣一环，扎扎实实工作。（当代\报刊\1994 年报刊精选\01）

② 那么赶［紧］找找镜子看看，十之八九你的面色是没有光泽、萎靡。（当代\应用文\健康养生\南丘阳 从头到脚要美丽）

③ 负责层报的检察院应抓［紧］审查并提出层报意见或作出批复决定。（当代\应用文\法律文献\法律条文 2）

6. 形经济不宽裕；拮据：这个月用项多一些，手头显得～一点儿。

该义项在“紧”字平衡语料库中共 595 条语料，使用频率约为 5.95%。

“紧”字该释义凸显了主体论元“经济”以及论元形式角色中的抽象属性“不宽裕；拮据”。通过分析统计语料，我们发现“紧”释义为“经济不宽裕，拮据”的语料共计 223 条，例如，“（银根）紧”“（手头）紧”“（资金）紧”“紧（日子）”“（头寸）紧”“（财政）紧张”“（经费）紧”等，除此之外，还有 372 条语料所修饰的对象并非指向经济域。“紧”字该义项的主体论元除了指向经济域外，还指向能源物资、劳动力和时间等，例如，“人才、专业、住房、劳动力、供电、宿舍、原料、产品、日子、停车位、交通运输、床位”，常见的短语有“紧缺”“紧张”“紧俏”“紧巴”“吃紧”“货紧价扬”“人手紧”“时间紧”。因此，为了体现义项描写的准确性，建议将《现汉》原有义项利用主体论元、论元的形式角色补充修改为以下新义项。

形（经济、能源、物资等）不宽裕，处于匮乏状态：～缺|～俏|～巴|

他们小区最近房源很～|我最近手头有点儿～|两国开战后，原油频频告～。

例句如下。

① 这个公司的总经理孙奎春，看清市场新行情，建材产品将趋［紧］。（当代\报刊\1994 年报刊精选\01）

② 有些重要商品仍需适度进口，农副产品和“菜篮子”偏［紧］。（当代\报刊\人民日报\1993 年人民日报\12 月）

③ 平均每天有 60 人被咬伤，曾一度使预防用的针剂频频告［紧］。（当代\报刊\1994 年报刊精选\02）

（二）通过语料库发现“紧”字新义项分布

通过对所收集语料进行分析，我们发现还有一些“紧”字语料无法用《现汉》中已有的义项加以说明，据此，我们认为应该为现代汉语“紧”字释义增加以下 2 个新义项。

1. 形对相关人或事有意义重大的影响：要～|～要|着～|打～|～事

《现汉》原有的义项中并没有描写这一义项，依据语料分析发现，“紧”字该义项为形容词，该义项强调突出形容词的主体论元“相关人或事”和评价角色“重大的影响”，通常都与“紧”组合为双音节词，如“要紧”“紧要”“着紧”“打紧”“紧事”。

例句如下。

① 剩下的时间他可以听些不要［紧］的闲话、扯淡、八卦、你问我答之类的。（当代\网络语料\蔡康永语录）

② “强仔呀！你找长军吧，他上县城了。”“大伯，没［紧］事，跟您聊聊也行。”（当代\报刊\人民日报\1995 年人民日报\4 月）

③ 这不打［紧］！只消半年，他就可以把荒废的功课全部补起来。（当代\翻译作品\文学\人性的枷锁）

2. 副通常在形容词或动词的前后出现，表示程度深：疼得～|胀得～|羞愧得～|漂亮得～

该义项在“紧”字平衡语料库中共21条语料，使用频率约为0.21%。

根据平衡语料库标注，该义项中的“紧”字没有实际的意义，义项突出的是“紧”的语法功能，该义项在全部抽样语料中共有21条，“紧”字都是跟在动词或者形容词前后出现的，因此描写义项时可适当地突出其语法功能，故将该义项描写如下。

副通常在动词或形容词的前后出现，表示程度深。

例句如下。

① 那时候儿只有俺娘疼俺疼得［紧］，俺爹不喜欢我。（当代\文学\张大春 聆听父亲）

② 上山数日，贪玩得［紧］，未曾操演半遍，实在该死。（当代\文学\佳作1）

③ 妹，俺的奶子胀得［紧］，弯腰吃不住。（当代\文学\冯德英 迎春花）

三、小结

综上，对“紧”字在现代汉语中的义项重新划分和描写，归结了11个“紧”字义项，具体见表5-2。

表5-2 “紧”字各义项整理

《现汉》释义	重新划分和描写后释义
① 形物体受到几方面的拉力或压力以后所呈现的状态：绳子拉得很～|鼓面绷得非常～	① 形物体或物体的表面受到几方面的拉力后，无法进一步拉伸的状态：绳子拉得很～|鼓面绷得非常～|把布固定在架子上绷～
	② 形环境或人的精神受到外界压力后造成的高度戒备、焦虑不安或不稳定的状态：～张|心里～得发慌|声音发～|局势很～|气氛～张|两国之间关系～张

续表

《现汉》释义	重新划分和描写后释义
② 形 物体因受外力作用变得固定或牢固：捏～笔杆儿|把螺丝钉往～里拧一拧◇眼睛～盯住他|～记着别忘了	③ 形 物体因受外力作用变得固定或牢固：捏～笔杆儿|把螺丝钉往～里拧一拧|门～关着|瓶口塞～别漏气
	④ 形 严格控制、不放松、不松懈的样子：眼睛～盯住他|～记着别忘了|这家伙嘴～得很，什么也不愿说
③ 动 使紧：～了一下腰带|～～弦|～一～螺丝钉	⑤ 动 出于某种目的使事物更加绷直或固定：～了一下腰带|～～弦|～一～螺丝钉|把鞋再～一下|把绳子再～～|螺帽儿～不动了
④ 形 非常接近，空隙极小：抽屉～，拉不开|这双鞋太～，穿着不舒服|他住在我的～隔壁◇全国人民团结～	⑥ 形 （人或事物之间）非常接近，几乎没有空间：～密|～邻|～跟|～接|手套戴着太～|门～得拉不开
	⑦ 形 关系非常接近，有密切的联系：～～团结在一起|～扣时代|这两家公司关系～密
⑤ 形 动作先后密切接连；事情急：～催|一个胜利～接着一个胜利|他～赶了几步，追上老张|风刮得～，雨下得急|任务很～|抓～时间	⑧ 形 动作先后密切接连；事情急：～催|一个胜利～接着一个胜利|他～赶了几步，追上老张|风刮得～，雨下得急|任务很～|抓～时间
⑥ 形 经济不宽裕；拮据：这个月用项多一些，手头显得～一点儿	⑨ 形（经济、能源、物资等）不宽裕，处于匮乏状态：～缺|～俏|～巴|他们小区最近房源很～|我最近手头有点儿～|两国开战后，原油频频告～
	⑩ 形 对相关人或事有意义重大的影响：要～|～要|着～|打～|～事
	⑪ 副 通常在形容词或动词的前后出现，表示程度深：疼得～|胀得～|羞愧得～|漂亮得～

第二节 “松”字义项划分及描写

一、建立“松”字平衡语料库并进行标注

根据《现代汉语频率词典》数据，“松”的频率是 0.004 72，使用度是 44，词次是 62。本书从北京大学现代汉语语料库（CCL 语料库）中下载了 40 类“松”字现代汉语语料，共计 78 208 条约 1 076 万字。针对不同时间段语料进行分阶段按比例抽取，共获得“松”字 10 000 条约 112 万字语料建立

“松”字平衡语料库。本书抽取的语料在CCL语料库中具体分布情况见表5-3。

表5-3　“松”平衡语料库分类抽样表

二级分类	三级分类	四级分类	语料数量	抽取数量
当代	CWAC	—	387	100
	口语	1982年北京话调查资料	8	8
		对话	51	51
		电视访谈	30	30
	史传	—	646	200
	应用文	中国政府白皮书	14	14
		健康养生	732	150
		法律文献	22	22
		社会科学	627	150
		自然科学	343	100
		药方	131	50
		菜谱	596	100
		议论文	102	100
		词典	694	200
		说明书	63	63
	报刊	1994年报刊精选	6 370	200
		1993年人民日报	2 337	200
		1994年人民日报	2 552	200
		1995年报刊精选	2 658	200
		1996年报刊精选	2 651	200
		1998年报刊精选	3 560	200
		2000年报刊精选	2 642	200
		作家文摘	2 228	500
		市场报	1 089	400
		故事会	29	29
		新华社	22 412	842
		读书	2 057	600
		读者	1 896	500
		青年文摘	18	18

续表

二级分类	三级分类	四级分类	语料数量	抽取数量
当代	文学	—	8 651	1 800
	电视电影	文艺	723	200
		非文艺	384	100
	相声小品	—	114	100
	网络语料	—	3 587	1 000
	翻译作品	应用文	843	200
		文学	5 832	800
现代	戏剧	—	73	73
	文学	—	1 047	500
总计		—	78 208	10 000

我们逐一对这 10 000 条语料进行义项标注，发现“松（松科植物）”义项占 988 条，“松”字用在一些专用名词中共计 3 795 条，占 37.95%，如“尼克松”“松鼠”“松花江”“松辽”“松下”“松日队”“马拉松”“甲基氢化泼尼松”，另有为错字的语料共计 11 条，占 0.11%，例如“*惺松（忪）”“*诉松（讼）”等，这一类语料中对于我们研究“松”字的义项划分和描写意义不大，本书暂时忽略，不加讨论。后文中，对“松”字的义项分布统计，均以此 10 000 条语料为计算范本。

二、情状类形容词“松”义项分布情况的描写

（一）“松”在《现汉》中的义项分布

1. 形松散（跟“紧”相对，下②③同）：这包书捆得太～，容易散。

“松”本作“鬆”，“鬆”在中华人民共和国成立后简化为“松”，与原本表示“松科植物”的“松”合并而写作“松”。“鬆”的本义为“头发散乱”，《玉篇·影部》曰：“鬆，先凶私宗二切。乱发儿。”指由头发散乱引申出物体未捆绑在一起所呈现的疏散不紧的状态，也即《现汉》中“松”的义项①“松

散：这包书捆得太～，容易散。”

《牛高》中对应词“loose”该义项分为三个释义：释义①为“Not securely fixed where it should be；able to become separated from something（未牢固地固定在应有的位置；能够与某物分离）”；释义②为“Not tied together；not held in position by anything or contained in anything（不捆绑在一起；不被任何东西固定或包含在任何东西中）”；释义③为“Clothes not fitting closely（不紧密贴合）”。参照英语词典释义发现，《牛高》在释义中抓住了“具体事物”这一主体论元，同时注意到了施成角色的不同，并据此设立不同义项。第一个义项的施成角色是“not securely fixed where it should be”；第二个义项的施成角色为“not tied together”，第三个义项的施成角色为“not fitting”，但由于三者的主体论元都是具体物体，形式角色都是“closely”，因此没有必要分列义项。《现汉》用“松散”释义，抓住了“松”的形式角色，但未对主体论元做出说明，也未对其涉及的物性角色进行区分。张志毅指出“传统型词典的释义方式中最简单的是同义互训、同义对释，不利于表现词义间的不同一面”。综上，利用主体论元、论元的施成角色和形式角色释义，建议将《现汉》原有义项重新描写为以下新义项。

（1）形物体由于外在原因呈现不紧密、不紧绷的状态：皮肤～弛|螺丝～动|孩子的门牙～了|椅子排得太～了|这包书捆得太～，容易散。

根据标注语料发现，当“松”字的主体论元指向具体事物时，通常指向“衣服”“神经”“肌肉”“手臂”“韧带”“棉线”“牙齿”“腰身”，如“皮肤松弛”“病牙松动”“松弛的棉线”“舒松筋骨”“脚蹬子松了”“衣物宽松”“背紧腹松”“全身放松”，凸显了主体论元的形式角色。

例句如下。

① 说话的时候，发音器官的肌肉总是交替地一紧一［松］。（当代\CWAC\ALT0049）

② 阿图，那些稳定元件一定又［松］动了。能不能设法再把它们紧固一

下？（当代\翻译作品\文学\星球大战）

通过标注语料发现，当“松”字主体论元指向抽象事物时，如“情绪放松”“气氛松弛”“工作松懈”“作风松散”“环境宽松”“政策松动”“神色轻松”，此时“松”凸显“缓和、不强硬”的状态，激活论元的评价角色。《牛高》对应词“relaxed”该义项分别释义为“（Of a person）calm and not anxious or worried（一个人/平静、不焦虑或担心）”。和“（Of a place）calm and informal [（一个地方）平静而非正式]。”该释义方式抓住了评价角色“calm and not anxious or worried”，同时也注意到“松”的两个不同的主体论元“person”和“place”并据此设立了两个不同的义项。人的精神状态不仅会在人物表情中自然展现，也常常会下意识地随着人物的语言、动作凸显。结合语料可知，该义项的主体论元多为“神情”“神态”“内心”“目光”“思维”“心情”“心头”“精神”“情绪”“眼神”“声音”“脸色”等。例如，“心口一松”“神色轻松”“步履轻松”“轻松的语言”“唱法放松”。

例句如下。

① 科学研究不像在平坦的长安街上散步那样轻［松］愉快，面前有高山峻岭、明坑暗道。（当代\应用文\自然科学\中国儿童百科全书）

② 谈话始终充满轻［松］而愉快的调子。（当代\报刊\作家文摘\1996）

同样，当该义项的主体论元指向外在环境，例如，“气氛轻松”“环境宽松”“局面轻松”“空气松弛”“状态轻松”时，从语义关系上看，这些词的语义指向依然是“人”，而并非外在环境。因为形势或气氛等平静舒缓、不强硬的状态，通常是人的情绪、态度、意志的展现。

例句如下。

① 欧洲有多种理由实施更为宽［松］的移民政策。（当代\报刊\人民日报\2000年人民日报）

② 让更多新面孔出现在新闻节目中，并且要求主持人体现轻［松］、亲

民风格。（当代\网络语料\博客\余胜海博客）

③ 空气松弛下来，大家议论纷纷。（现代\文学\散文 3）

综上，尽管“松”的主体论元分别指向人的精神状态和外部环境，但二者实质同属情绪范畴，形式角色都是“calm and not anxious or worried”，所以没有必要分列义项。为了体现义项描写的准确性，根据“主体论元+物性角色”的释义原则在《现汉》原有义项基础上再重新增加一条新的义项，具体如下。

（2）形（精神、政策）不紧张、不强硬的状态：轻～|轻～的笑容|步履轻～|政策宽～|空气～弛下来。

2. 动使松：～劲|～一～腰带|～口气（紧张之后，放松一下）。

该义项在“松”字平衡语料库中共有 256 条，使用频率约为 2.56%。

根据整理语料可知，“松”字该义项通常以“松+受事论元”的模式出现，其中“松”突出指向的是受事论元，所以在描写义项时要指明受事论元。该义项常见的复合词有“松口”“松气”“松土”“松嘴”“松筋”“松绑”“松腰带”“松劲”等，整理归纳后发现受事论元有两类，一类如“松口”“松土”“松嘴”“松一松腰带”均指向具体事物，还有一类如“松气”“松劲”等受事论元指向抽象事物。除了受事论元不同，目的论元也有区别。“松腰带”，目的论元是“宽松，不紧密固定”；“松口气”，目的论元是“放松，不紧张”；“松土”，目的论元是“蓬松，不结实”。显然，《现汉》，已有的义项并没有注意到这一点，只是将“使松”与“松”简单对释，既未对主体论元做出区分，也未对其涉及的非必有论元进行区分。因此，我们建议将《现汉》中原有的义项加入目的论元和受事论元，分别用描述性的话语修改为以下 3 项义项。

（1）动解开或放开使事物不紧密固定：～嘴|～手|～一～腰带|手一～，气球就飞了。

该义项与《现汉》“松”的义项⑤：“动解开；放开：～绑|手一～，气球就飞了。”

例句如下。

① 他搭话时手一［松］，老豹出笼扑向他的额头，他挥拳将老豹的四只獠牙打断。[当代\报刊\读者（合订本）]

② 过了一会儿，她看看没指望了，把牙［松］开。（当代\文学\严歌苓 第九个寡妇）

③ 菊生吃饱了，［松］开口，小脸蛋像早露中刚开的玫瑰蕊瓣那样笑了。（当代\文学\冯德英 苦菜花）

④ 他俩用手枪逼着俘虏们，命令他们赶紧给群众去［松］开绳索。（当代\文学\冯志 敌后武工队）

⑤ 他除了撒手［松］剑，向后跃开，再无他途可循。（当代\文学\香港作家\金庸 倚天屠龙记）

⑥［松］了你的衣袖，任你卷起狂风暴雨掠过眼前。[当代\报刊\读者（合订本）]

（2）动使身体或精神舒缓、不紧张：～劲儿|绷紧的神经一下子～了下来|～口气（紧张之后，放松一下）。

例句如下。

① 他说，他也是那个样子。我就想让他［松］一［松］心。[当代\报刊\读者（合订本）]

② 在这儿跪几天，倒也能［松］［松］筋骨，歇两天，再出去唱你的《特别快车》。（当代\报刊\作家文摘\1995A）

③ 现在要起也起不出来，要是起不出，群众要［松］劲。（现代\文学\周立波 暴风骤雨）

（3）动使事物不坚固结实：～土。

例句如下。

① 受灾的土族男女农民，散布在高低远近的山地里，冒雨［松］土清淤，抓紧时间抢救遭灾的庄稼。（当代\报刊\1994年报刊精选\07）

3. 形经济宽裕：这个月我手头～一些，给他寄了点儿钱去。

该义项在“松”字平衡语料库中共342条语料，使用频率约为3.42%。

通过分析统计语料，我们发现该义项大部分指向“经济宽裕”，例如，“（银根）松”“（手头）松”“（资金）松”“（财政）宽松”“（经费）松动”等，“松”凸显了主体论元形式角色中的抽象属性，意指经济处于充裕状态。统计语料发现，被修饰的名词除了指向“经济”之外，还出现了“供需相对宽松”“货源宽松”“土地供应宽松”等搭配。因此，为了体现义项描写的准确性，建议将《现汉》原有义项的主体论元补充修改为以下新义项。

形（经济、时间、物资）等宽裕：前～后紧|这个月我手头～一些，给他寄了点儿钱去。

① 爸说大哥大姐结婚都新事新办，现在家里宽［松］，趁此把所有人情还清了事。［当代\报刊\读者（合订本）］

② 留在广州开发，土地供应也比较宽［松］，所以房价稳定。（当代\网络语料\网页\C000008）

③ 原来，烧锅炉工作时间宽［松］，下午不上班。（当代\报刊\作家文摘\1996A）

4. 形不坚实：蓬～|土质很～|点心～脆适口。

该义项在“松”字平衡语料库中共有489条，使用频率约为4.89%。

当土壤、点心等事物没有紧密包装在一起时，物质之间距离远，间隙大，就会显得不坚实或不坚硬。参考《牛高》对应词“loose”该义项释义“Not tightly packed together；not solid or hard（没有紧密包装在一起；不坚实或坚硬）”。《牛高》在释义中凸显了施成角色“not tightly packed together”和评价角色“not solid or hard”。统计语料，我们发现，当“松”字该形容词义项的主体论元从具体的物品类名词转换到抽象的事物类名词时，“松”的意义也随之发生了改变。如“头发蓬松”“土质松软”与“故事情节松散”“关系松弛”，从中可以发现，一个词的具体意义和抽象意义有着本质的区别。因此词典释义应该为这两类意义单独设立义项。为了体现释义的准确性，我们将原有的义项按照“主体论元+施成角色+评价角色”的释义模式重新分析为以下 2 条新义项。

（1）形（人或事物）距离远，间隙大，不坚实或不紧密的状态：蓬～|骨质疏～|土质很～|肉炖得很～软|人老了，肌肉都～了|点心～脆适口。

“松”字该形容词义项的主体论元通常指向具体的物品类名词，强调了物体呈现的一种“不坚实或不紧密”的空间状态，凸显了“松”的评价角色。通过标注语料发现，主体论元通常指向“土质”“点心”“饼干”“肉质”“头发”“棉被”“木质”“发髻”，常见的复字词包括“松散”“疏松”“蓬松”“酥松”“松脆”“松软”“稀松”“膨松”“拍松”“翻松”等。

例句如下。

① 石膏制品虽然具有一系列优点，但存在着强度低、疏［松］易碎、受潮易变形的致命弱点。（当代\报刊\人民日报\1996 年人民日报）

② 在那暄［松］的地里摔跤，经常能拾到这生满绿锈的铜钱。（\当代\报刊\市场报\市场报 1994 年 B）

③ 将鸡洗净，取鸡腿、脯肉四块，剔尽胸腿骨，用刀排剁拍［松］，加入绍酒。［当代\应用文\菜谱\菜谱大全（4 577 道菜）］

当“松”字该形容词义项的主体论元指向抽象名词，例如，“情节”“组织”“结构”“关系”等时，“松”强调了描述对象之间呈现的一种“不甚相关、不甚紧密”的状态，显示人们对事物状态的主观评价，凸显评价角色。《牛高》对应词“loose”中该义项的释义为“Not strictly organized or managed（没有严格的组织和管理）”。该释义凸显了主体论元“organized or managed”和评价论元“not strictly”。通过标注语料，常见的复字词包括“松散”“松懈”“松弛”等。因此可以利用主体论元、论元的评价角色释义，将该义项描写为以下新义项。

（2）形联系不紧密；关系不密切。～散的组织|亲子关系～弛|各部分情节～散。

例句如下。

① 这样，故事虽然［松］散，而中心人物有些着落，就不至于离题太远，不知所云了。（现代\戏剧\老舍戏剧 1）

② 所以，“框架”还得加强，要有更多的［松］散的合作关系。（当代\报刊\读书）

5. 用鱼、虾、瘦肉等做成的绒状或碎末状的食品：肉～。

该义项在“松”字平衡语料库中共有 12 条，使用频率约为 0.12%。

例句如下。

① 还有台北的牛肉干、猪肉干；野柳的鱼［松］；雪山的柑橘……和各式零食。（当代\文学\岑凯伦 还你前生缘）

② 放入芹菜煸炒至将熟时，放入肉［松］、精盐、味精淋入麻油即可。［当代\应用文\菜谱\菜谱大全（4 577 道菜）］

（二）通过语料库发现“松”字新义项分布

通过对所收集语料进行分析，我们发现还有 19 条的“松”字语料无法用《现汉》中已有的义项加以说明，因此我们拟为“松”设立“形人性格软弱无用：～蛋|～包|～头日脑|～话|～人”1 个新义项。

《现汉》中并未收录这一义项，但是在抽样语料中，“松”这一用法的例子不少，所以本书将该义项描写为“松”的一个新义项，凸显主体论元和论元的评价角色。该义项常常在口语中出现，用来责骂性格软弱不中用的人。比如“松包”“松头日脑”。

例句如下。

① 别老是［松］包熊样，妈长妈短的了，他妈是你的什么？你妈是他的什么？（当代\文学\刘流 烈火金刚）

② 咱们都这样，看着［松］头日脑，那叫真人不露相！（当代\文学\王朔 b）

③ 这姓陈的真是十足的［松］包，两句话就服了软，真是天助我也。（当代\报刊\故事会 2005）

三、小结

综上，对“松”字在现代汉语中的义项重新划分和描写，归结了 10 个“松”字义项，具体见表 5-4。

表 5-4 “松”字各义项整理

<table>
<tr><th>《现汉》释义</th><th>重新划分和描写后释义</th></tr>
<tr><td rowspan="2">① 形松散（跟“紧”相对，下②③同）：这包书捆得太～，容易散</td><td>① 形物体疏散不紧绷；不固定的状态：皮肤～弛|螺丝～动|孩子的门牙～了|椅子排得太～了|这包书捆得太～，容易散</td></tr>
<tr><td>② 形（精神、政策）不紧张、不强硬的状态：轻～|轻～的笑容|步履轻～|政策宽～|空气～弛下来</td></tr>
<tr><td rowspan="2">② 动使松：～劲|～一～腰带|～口气（紧张之后，放松一下）</td><td>③ 动解开或放开使事物不紧密固定：～绑|～嘴|～手|～一～腰带|手一～，气球就飞了</td></tr>
<tr><td>④ 动使身体或精神舒缓、不紧张：～劲儿|绷紧的神经一下子～了下来|～口气（紧张之后，放松一下）</td></tr>
<tr><td>③ 动解开；放开：～绑|手一～，气球就飞了</td><td>⑤ 动使事物不坚固结实：～土</td></tr>
<tr><td>④ 形经济宽裕：这个月我手头～一些，给他寄了点儿钱去</td><td>⑥ 形（经济、时间、物资）等宽裕：前～后紧|这个月我手头～一些，给他寄了点儿钱去</td></tr>
<tr><td rowspan="2">⑤ 形不坚实：蓬～|土质很～|点心～脆适口</td><td>⑦ 形（人或事物）距离远，间隙大，不坚实或不紧密的状态：蓬～|骨质疏～|土质很～|肉炖得很～软|人老了，肌肉都～了|点心～脆适口</td></tr>
<tr><td>⑧ 形联系不紧密，关系不密切：～散的组织|亲子关系～弛|各部分情节～散</td></tr>
<tr><td>⑥ 形用鱼、虾、瘦肉等做成的绒状或碎末状的食品：肉～</td><td>⑨ 形用鱼、虾、瘦肉等做成的绒状或碎末状的食品：肉～</td></tr>
<tr><td></td><td>⑩ 形人性格软弱无用：～蛋|～包|～头日脑|～话|～人</td></tr>
</table>

第六章　性质类形容词义项划分及描写

第一节　“重”字义项划分及描写

一、建立“重”字平衡语料库并进行标注

根据《现代汉语频率词典》数据，“重”的频率是 0.032 87，使用度是 331，词次是 262。本书从北京大学现代汉语语料库（CCL 语料库）中下载了 35 类“重”字现代汉语，共计 800 473 条语料约 8 968 万字。针对不同时间段语料进行分阶段按比例抽取，共获得“重”字 10 000 条约 114 万字语料建立“重”字平衡语料库。本书抽取的语料在 CCL 语料库中具体分布情况见表 6-1。

表 6-1　“重”平衡语料库分类抽样表

二级分类	三级分类	四级分类	语料数量	抽取数量
当代	CWAC	—	11 732	300
	口语	1982 年北京话调查资料	13	13

续表

二级分类	三级分类	四级分类	语料数量	抽取数量
当代	口语	对话	1 063	400
		电视访谈	131	131
	史传	—	4 401	400
	应用文	中国政府白皮书	1 459	200
		健康养生	2 349	200
		法律文献	1 556	200
		社会科学	8 209	200
		自然科学	3 231	200
		药方	914	300
		菜谱	467	200
		议论文	2 595	200
		词典	3 858	400
		说明书	456	356
	报刊	1994 年报刊精选	91 173	600
		人民日报	234 942	700
		作家文摘	12 934	400
		市场报	8 569	200
		故事会	116	116
		新华社	269 318	300
		读书	27 398	300
		读者	9 787	200
		青年文摘	102	102
	文学	—	27 568	800
	电视电影	文艺	2 585	200
		非文艺	5 555	200
	相声小品	—	349	300
	网络语料	—	29 757	400
	翻译作品	应用文	15 047	400
		文学	19 503	400
现代	戏剧	—	193	182
	文学	—	3 143	400
总计		—	800 473	10 000

逐一对这 10 000 条语料进行义项标注，发现“重（chóng）”义项占 788 条，加上一些专用名词中共计 2 745 条，占 27.45%，如“重庆（城市名）”“重坪（地名）”“任重（人名）”“重台根（药名）”“重（chóng）新”等，另有为错字的语料共计 11 条，占 0.11%，这一类语料中对于我们研究“重”字的义项划分和描写意义不大，本书暂时忽略，不加讨论。后文中，对“重”字的义项分布统计，均以 10 000 条语料为计算范本。

二、情状类形容词“重”义项分布情况的描写

（一）“重”在《现汉》中的义项分布

1. 名重量；分量：净～|箱子～十公斤。

“重”是会意兼形声字，金文从人，从東（东为竹篓），是一个人背负一竹篓东西的形状，表示很沉重。隶变后楷书写作“重”。《说文·重部》中的释义为：“重，厚也。从壬，東声。”此为引申义。本义当为沉，分量大。

“箱子重十公斤”中的“重”表示物体的重量，此处名词“重量”是由“重”的本义重量大引申而来。例如常见的复字词如“超重”“承重”“毛重”“体重”“载重”“自重”。

例句如下。

① 通常人类在童年期身体发育比较平稳，虽然骨骼硬度小，但是大脑发育迅速，脑［重］量逐渐接近成人。（当代\CWAC\AEB0001）

② 一根大铁棍，足有百十斤［重］。威风凛凛，杀气腾腾。（当代\史传\李文澄 努尔哈赤）

2. 形重量大；比重大（跟“轻”相对）：体积相等时，铁比木头～|工作很～|脚步很～|话说得太～了。

形名之间的物性修饰关系不同，形容词就产生了多义现象。结合配例可知，当“重”修饰的主体论元指向人或具体事物时，如“体积相等时，铁比

木头重”中，“重”属于具体的度量范畴，因为相同体积的物品，重量越大，密度越大，于是产生“比重大，密度大”之义，“重”是“铁”的度量属性，属于形式角色；“工作很重”中，“重”修饰的对象指向抽象事物“工作”，“重”是认知主体在身心体验的基础上对外界抽象事物的主观评价，属于评价角色，意指“需要涉及大量体力的工作使人精神压力大”；当“重”修饰的对象指向人具体的动作时，如“脚步很重”，“重”实际修饰的是脚步的“声音”，意思指某人脚步发出的“（声音）响亮而深沉”，“重”表达人们对动作声音的主观评价和情感色彩，凸显了其评价角色；当“重”修饰的对象指向人具体的话语时，如“话说得太重了”，“重”并非直接修饰“话”，而实际激活的是它的功能角色“措辞”和“内容”，指话语“措词严厉，内容使人感到刺激”，“重”凸显了主体论元的评价角色。因此，根据“重”字主体论元变化和所激活的物性角色的不同，可将该条义项重新分类描写为以下 3 条新的义项。

（1）形（具体事物）重量大；比重大：笨～|沉～|粗～|厚～|体积相等时，铁比木头～。

该义项与《牛高》中对应词“heavy”的义项①“Weighing a lot；difficult to lift or move（重量很大；难以抬起或移动）”一致，《牛高》释义凸显了“重”的形式角色“weighing a lot”和评价角色“difficult to lift or move”。参考《牛高》释义并结合标注语料可知，其主体论元通常指向具体事物，被修饰的名词通常是“物资、货物、冬装、盔甲、坦克、铁杖、铝杠、轮子、农具、银器、枷锁”等，常见的复字词包括“沉重”“笨重”“粗重”“厚重”“重于泰山”“重磅”“重担”“重荷”“重金属”“重水”“拈轻怕重”等。

例句如下。

① 马蹄无声，只是粗［重］的轮子发出枯涩而细微的吱嘎声。（当代\文学\陈染 私人生活）

② 北极熊拖着沉［重］的身体刚爬上去，冰块就融化了。（当代\史传\

从普通女孩到银行家）

（2）形（工作、任务等）涉及大量体力，使人压力大：～活|繁～|负担～|工作很～|任～道远|责任～大。

当主体论元指向抽象事物，如“工作”“任务”“责任”时，“重”往往指“涉及大量体力”而“使人精神压力大”，此义项在《朗高》对应词“heavy”义项③中释义为“Needing physical effort needing a lot of physical strength and effort（需要大量的体力和努力）”。《朗高》中该义项主要凸显了“重”的形式角色“a lot of physical strength and effort”。此义项在《牛高》对应词“heavy”的相应释义分别为义项⑧“[Usually before noun] involving a lot of work or activity；very busy（[通常在名词之前] 涉及大量工作或活动；非常繁忙）”和义项⑨“Hard，especially because it requires a lot of physical strength（很难，特别是因为它需要大量的体力）”。两个义项都凸显了抽象事物“工作或活动”的性质状态“a lot of work”“a lot of physical strength”，属于形式角色；表达认知主体对抽象事物的主观评价“very busy”“hard”，属于评价角色。因此建议利用主体论元、论元的形式角色及评价角色释义，将该义项描写为“形（工作、任务等）涉及大量体力，使人压力大”。结合语料，被修饰的对象包括“任务、工作、负担、责任、家务、问题、劳动、话题”等，常见的复字词如“重活”“繁重”“任重道远”“沉重”等。

例句如下。

① 这个任务因过于繁［重］，迄今尚未实现。（当代\CWAC\LIE029）

② 他在工地上争着干脏活，抢［重］活。（当代\报刊\1994 年报刊精选\07）

③ 相对于绝大多数“花朵”来说，弃儿的话题，实在灰暗而沉［重］。（当代\报刊\1994 年报刊精选）

（3）形动作猛，声音响：脚步很～|呼吸很～|他把书～～地摔出窗外。

该义项在《牛高》中对应词“heavy”的释义为“（Of a sound that somebody makes）loud and deep（某人发出的声音）响亮而深沉”，点明主体论元为“of a sound that somebody makes”和评价角色“loud and deep”。该义项在《朗高》中的对应释义是“With force hitting something or falling with a lot of force or weight（用力；用很大的力或重量撞到某物或摔倒）”。《朗高》中的释义凸显了“重”的形式角色“with force”和施成角色“hitting something or falling with a lot of force or weight”。参考英语词典释义，建议利用主体论元、论元的形式角色及评价角色释义，将该义项描写为“形动作用力猛，声音响。”结合语料，主体论元通常指向动作和声音，被修饰的名词包括“脚步、呼吸、声音、叹息、呻吟”等词语，常见的复字词如“沉重”“粗重”“重重”。

例句如下。

① 屋内很黑，低垂的蚊帐里却有着一个男人的粗［重］鼾声。（当代\报刊\作家文摘\1994\1994B）

② 他大声喝道：“你说甚麼？”举手往桌上［重］［重］一击，砰的一声，木屑纷飞。（当代\文学\金庸 神雕侠侣）

（4）形语言深刻，措辞严厉：语～心长|话说得太～了|这样批评他太～了吧？

该义项在“重”字平语料库中共有 438 条，使用频率约为 4.38%。

整理语料可知，该义项的主体论元通常指向语言，被修饰的名词常常是“话语”“批评”“语气”“口气”等，“重”凸显了主体论元的功能角色。结合语料，常见的复字词如“重话”“语重心长”“说重了”等。

例句如下。

① 他自己能干的活，尽量去干；从来不说一句［重］话给她听。（当代\文学\冯德英 迎春花）

② 如果佛罗多对他说话的口气［重］了些，他就会啜泣。（当代\翻译作品\文学\魔戒）

③ 何老板语气［重］［重］地说：“缺个孩子！”（当代\报刊\故事会\故事会 2005）

3. 形程度深：情意～|病势很～|～伤。

“重”在度量范畴用来表示度量级较高，当量不断积累达到一定的阈值时，就一定会带来程度的变化，这时，“重”由度量范畴映射至程度范畴，就会产生引申义“程度深”，凸显事物的状况和程度。修饰对象范围较广，常见的复字词有“重症、重灾区、重伤、重彩、重创、重挫、重犯、重办、重压、严重、重污染、积重难返、重口味、重孝、重金、重价、重赏、重兵、重酬”。根据“重”字被修饰的主体论元的变化，从数量和程度的不同角度归类加入形式角色将该条义项重新描写为以下 2 条新的义项。

（1）形程度深：情意～|病势很～|～伤。

例句如下。

① 经多方求医，服多种中西药，疗效不佳。近十余日，病情逐日加[重]。（当代\应用文\药方\历代古方验案）

② 聚焦张江唱大戏，浓墨［重］彩写辉煌。（当代\报刊\新华社\新华社 2001 年 6 月份新闻报道）

③ 吃完饭，他常常喜欢夹一点辣椒酱在嘴里吮吮，北方人口味［重］的习惯一直改不了。（当代\文学\权延赤 红墙内外）

④ 如果属实，就应该判决销售者巨额赔偿，并处以［重］罚。（当代\应用文\健康养生\云无心 吃的真相 2）

例句①主体论元为“病情程度”，表示病情程度深，发展严重，凸显形式角色“严重”。例句②主体论元为“颜色程度”，用来表示颜色程度浓，凸显形式角色“深重”。例句③主体论元为“味觉程度”，表示味觉量的程度大，食物重油重盐重辣，凸显形式角色“浓重”。例句④主体论元为“刑罚程度”，表示刑罚程度重，凸显形式角色“严重”。

（2）形数量大：～金|～价|～赏|～兵|～酬。

① 他的每一次的效劳，都会得到“泽蒙家族”的［重］酬。（当代\报刊\新华社\新华社 2003 年 3 月新闻报道）

② 由于目前对中国的电视收视率和广告市场的调查可信性不高，国外的大公司中不敢投以［重］资，有系统地在中国做广告。（当代\报刊\1994年报刊精选\07）

例句①和例句②主体论元分别为“酬谢的数量”和“投资的数量”，表示酬谢和投资的数额大，形式角色都是“大”。

4. 重要：～地|～任。

“重”由度量域投射到认知域，物体“分量重、重量大的特征”与事物在人们认知范畴中的重要性和价值高有相似之处，“重”凸显人们对事物性质、地位主观积极评价，属于评价角色。常见的短语有“重镇”“重责”“重要”“重器”“重头戏”“重点”“重地”“重臣”“重托”“重头”“重任”“贵重”“避重就轻”“以家庭为重”“重大”等。《现代》中该义项直接用“重要”释义，素义对释、同义对释、交叉释义，以及否定释义都属于“以词释词”的范畴，“重要”在《现汉》中释义为“具有重大的意义、作用和影响的”，为了避免循环释义，根据词典用户至上原则建议将原有义项用“主体论元+评价角色”释义模式重新描写为以下新的义项。

影响力或地位很大的：～要|～点|～头|～大|～地|～任。

例句如下。

① 随着年龄的增长，阿姨不再喜欢出门，逐渐变得以家庭为［重］了。（当代\网络语料\网页\C000013）

② 我区从去年开始在乡镇企业试行股份合作制，并作为农村改革的［重］头戏来唱。（当代\报刊\1994年报刊精选）

③ 清查［重］点便是那些进入三大行业、盲目投资的民营企业。（当代\史传\吴晓波 激荡三十年——中国企业史1978—2008）

5. 重视：敬～|尊～|看～|器～|为人所～|～男轻女是错误的。

当“重”由度量域投射到抽象的态度域时，物体“分量重、重量大”的特征与事物的重要性有相似之处，“重”由对事物重量的描述引申至对某事、某人态度的描述，于是产生了“认为……很要紧”之义，表示重视、看重某人或某物。“重”凸显主体主观积极评价色彩，属于评价角色。常见的短语有“重视”“重感情”“重人才”“重用”“保重”。《现代》中该义项直接用“重视”释义，采用了以词释词释义模式，严格来说，使用同义词或反义词根本就算不上是释义。“重视”在《现汉》中释义为“认为人的德才优良或事物的作用重要而认真对待；看重”，凸显了施成角色“认为人的德才优良或事物的作用重要”、行为角色“认真对待”和评价角色“看重”。为了避免循环释义，根据词典用户至上原则建议将原有义项重新描写为以下新的义项。

对某人或事很在意，认为很要紧：敬～|尊～|看～|器～|为人所～|～男轻女是错误的。

例句如下。

① 空军第十工程总队［重］人才，重点工程修建优良率连续八年保持百分之百。（当代\报刊\人民日报\1996 年人民日报\2 月）

② 他每年都回家乡看望长辈，上祖坟，是个［重］感情的人，对乡亲也挺和气。（当代\史传\蒋氏家族全传）

③ 农业生产正逐步适应城乡居民消费结构的变化需要，渐渐向数量和质量并［重］的方向转变。（当代\报刊\新华社 2002 年 10 月新闻报道）

6. 不轻率；稳重：自～|慎～|持～。

“重”在度量域表示物体“分量大，重量大”的特征，当人们将对事物重量大、分量重的判断投射到对人们品行的评价上，“重”与人沉着、稳重的品行有相似之处，表现为对某人品格高尚的肯定，凸显主体主观积极的评价，属于评价角色。常见的短语有“慎重”“稳重”“庄重”“持重”“自重”“郑重”“隆重”“德高望重”等。

《现规》中对该义项的释义为“形庄重；不轻率：慎～|郑～|隆～。”

《现学》中对该义项的释义为“沉着；庄重：自～|稳～|持～。”

可知，《现规》《现学》《现代》该义项都采用了以词释词，近义词互释

模式，“稳重”在《现汉》中释义为“（言语举动）沉着有分寸；不轻浮”，凸显了主体论元“言语举动”，形式角色“沉着”和评价角色“有分寸；不轻浮”。为了避免循环释义，根据词典用户至上原则建议将原有义项用“主体论元+形式角色+评价角色”释义模式重新描写为以下新的义项：（言语行动）沉着；不轻浮：庄～|稳～|持～|慎～|郑～。

例句如下。

①她反复思虑得失，终于慎［重］地作了一次选择。（当代\报刊\1994年报刊精选）

②统一了南方，再打北方，这个政策比较持［重］稳健。（当代\CWAC\APT0080）

（二）通过语料库发现“重”字新义项分布

通过对所收集的语料进行分析，我们拟为“重”设立以下1个新义项。

形（武器、机器）巨型而强大：～工业|～机枪|～炮|～武器。

《现汉》原有的义项中并没有描写这一义项，参考《现学》中的“重”字义项⑨的释义：“重型的：～工业|～武器|～机枪。”，《牛高》对应词“heavy”释义：“[only before noun]（Of soldiers）carrying heavy weapons［仅在名词之前］（士兵）携带重型武器”，该释义点明了主体论元“weapons”和形式论元“heavy”，以及《朗高》对应词“heavy”释义为“Weapons/machines [only before noun] large and powerful 武器/机器［仅在名词之前］大而强大”，该释义也点明了主体论元“Weapons/machines”，评价角色“large and powerful”。依据语料分析发现，“重”字该义项为形容词，通常都与名词组合为三音节词，如“重工业”“重武器”“重资产”“重机枪”，“重资产”就是指公司所持有的，如工业、厂房、原料等有形而强大的财产。为了避免循环释义，根据词典用户至上原则建议将原有义项用“主体论元+形式角色+评价角色”释

义模式描写为“（武器、机器）巨型而强大”。

例句如下。

① 印度尼西亚军队首先使用［重］机枪向对岸开火，并破坏了敌方的军事驻地的掩体。（当代\报刊\人民日报\2000 年人民日报）

② 不管是采取传统的进口替代战略还是［重］工业优先战略，都是用扭曲政策的方式去扶植一个部门。（当代\报刊\1994 年报刊精选\02）

三、小结

综上，对“重”字在现代汉语中的义项重新划分和描写，归结了 11 个“重”字义项，具体见表 6-2。

表 6-2　“重”字各义项整理

<table>
<tr><th>《现汉》释义</th><th>重新划分和描写后释义</th></tr>
<tr><td>① 形重量；分量：净～|箱子～十公斤</td><td>① 形重量；分量：净～|箱子～十公斤</td></tr>
<tr><td rowspan="4">② 形重量大；比重大（跟“轻”相对）：体积相等时，铁比木头～工作很～|脚步很～|话说得太～了</td><td>② 形具体事物重量大；比重大：笨～|沉～|粗～|厚～|体积相等时，铁比木头～</td></tr>
<tr><td>③ 形（工作、任务等）涉及大量体力或使人精神压力大：～活|繁～|负担～|工作很～|任～道远|责任～大</td></tr>
<tr><td>④ 形动作用力猛；声音响：脚步很～|呼吸很～|他把书～～地摔出窗外</td></tr>
<tr><td>⑤ 形语言内容深刻，措辞严厉：语～心长|话说得太～了|这样批评他太～了吧？</td></tr>
<tr><td>③ 形程度深：情意～|病势很～|～伤</td><td>⑥ 形程度深：情意～|病势很～|～伤</td></tr>
<tr><td></td><td>⑦ 形数量大：～金|～价|～赏|～兵|～酬</td></tr>
<tr><td>④ 重要：～地|～任</td><td>⑧ 有很大的影响力或地位的：～要|～点|～头|～大|～地|～任</td></tr>
<tr><td>⑤ 重视：敬～|尊～|看～|器～|为人所～|～男轻女是错误的</td><td>⑨ 对某人或事很在意，认为很要紧：敬～|尊～|看～|器～|为人所～|～男轻女是错误的</td></tr>
<tr><td>⑥ 不轻率；稳重：自～|慎～|持～</td><td>⑩（言语行动）沉着；不轻浮：庄～|稳～|持～|慎～|郑～</td></tr>
<tr><td></td><td>⑪ 形（武器、机器）巨型而强大：～工业|～机枪|～炮|～武器</td></tr>
</table>

第二节 “轻”字义项划分及描写

一、建立“轻”字平衡语料库并进行标注

根据《现代汉语频率词典》数据，“轻”的频率是 0.032 87，使用度是 331，词次是 397。本书从北京大学现代汉语语料库（CCL 语料库）中下载了 35 类“轻”字现代汉语语料，共计 152 632 条约 1 559 万字。针对不同时间段语料进行分阶段按比例抽取，共获得“轻”字 10 000 条约 101 万字语料建立“轻”字平衡语料库。本书抽取的语料在 CCL 语料库中具体分布情况见表 6-3。

表 6-3 “轻”平衡语料库分类抽样表

二级分类	三级分类	四级分类	语料数量	抽取数量
当代	CWAC	—	1 173	500
	口语	1982 年北京话调查资料	24	24
		对话	204	204
		电视访谈	79	79
	史传	—	1 276	500
	应用文	中国政府白皮书	62	62
		健康养生	1 061	500
		法律文献	219	200
		社会科学	1 372	500
		自然科学	612	300
		药方	629	300
		菜谱	232	230
		议论文	318	311
		词典	3 994	300
		说明书	83	83

续表

二级分类	三级分类	四级分类	语料数量	抽取数量
当代	报刊	1994 年报刊精选	12 278	500
		人民日报	27 419	500
		作家文摘	4 688	500
		市场报	2 192	200
		故事会	109	109
		新华社	32 889	500
		读书	5 141	200
		读者	5 427	200
		青年文摘	72	72
	文学	—	20 211	1 100
	电视电影	文艺	1 707	200
		非文艺	2 400	200
	相声小品	—	193	193
	网络语料	—	6 672	300
	翻译作品	应用文	2 604	300
		文学	15 873	400
现代	戏剧	—	233	233
	文学	—	2 665	200
	总计	—	152 632	10 000

逐一对这 10 000 条语料进行义项标注，发现“轻”字用在一些专用名词中共计 3 795 条，占 37.95%，另有为错字的语料共计 11 条，占 0.11%，这一类语料中对于我们研究“轻”字的义项划分和描写意义不大，本书暂时忽略，不加讨论。后文中，对“轻”字的义项分布统计，均以 10 000 条语料为计算范本。

二、情状类形容词“轻”义项分布情况的描写

（一）“轻”在《现汉》中的义项分布

1. 形重量小；比重小（跟“重”相对）：身～如燕|油比水～，所以油浮在水面上。

“轻”是形声字，篆文从車巠聲，隶变后楷书写作“輕”，如今简化作“轻”。《说文·车部》中对其的释义为：“轻，车也。从車，巠声。”本义为简便灵活的小车。

“轻”解释为“重量小，比重小”，由本义“简便灵活的小车”引申而来。越简便灵活的物品，相对来说重量越小，相同体积的物品，重量越小，密度就越小，于是产生“比重小，密度小”之义。该义项与《牛高》对应词“light”的义项③“Easy to lift or move；not weighing very much（易于抬起或移动；重量不是很重）”一致。常见的短语如“轻如鸿毛”“轻而易举”“身轻如燕”“轻金属”“轻水”“（背包）轻了十多斤”“行李很轻”“羽毛又轻又软”等。

形容词与名词之间的物性修饰关系不同，形容词就会产生多义现象。当“轻”的主体论元是人或事物时，如“身轻如燕”“油比水轻，所以油浮在水面上”等，“轻”意指“重量小，比重小”，属于具体的度量范畴，凸显主体论元“身体”“铁”的度量属性，属于形式角色；当“轻”的主体论元是工作、责任等抽象名词时，例如，“工作很轻”中“轻”是认知主体在身心体验的基础上对外界抽象事物的主观评价，“轻”属于评价角色，产生“容易做到；不会让你感到疲倦”之义。当“轻”的主体论元指向人具体的动作时，如“脚步很轻”，“轻”实际修饰的是行走时的动作，意思指某人走路“动作温柔；无重量；不用力”，此时“轻”凸显人们对动作的主观评价和情感色彩，也属于评价角色。当“轻”的主体论元指向人具体的话语时，例如，“人微言轻”中的“轻”并非直接修饰“言”，而实际修饰的是语言的“话语影

响力”，“言轻”指话语“没有强大影响力”，此时“轻”激活了主体论元的功能角色。因此，根据“轻”字修饰的主体论元的变化和所激活的物性角色的不同，建议将该条义项重新分类描写为以下3条新的义项。

（1）形 具体事物重量小，比重小：身～如燕|～水|～金属|～如鸿毛|～而易举|行李很～|羽毛又～又软|背包～了十多斤。

例句如下。

① 这时最好换穿宽［轻］无拘束的衣服，播放一些轻柔的音乐，同时点上芳香蜡烛。（当代\应用文\健康养生\子柔 时光向左女人向右）

② 在这位举足［轻］重的理论家的言谈中，观众领略了科学之美。（当代\口语\对话\超越时空：20世纪最卓越的两位心智大师的对话）

（2）形（体力和脑力）不需要太多的劳动：～活|～松|负担～|～音乐|无病一身～|责任很～|～小说|～旋律。

该义项与《现汉》中“轻”的义项④：“轻松：～音乐|无病一身～。”对应。查询《现汉》中“轻松”的释义为“不感到有负担，不紧张”。该释义属于心理域，其形式角色为“没负担”，评价角色为“不紧张”。“词典的释义要避免单纯的同义对释”，《现汉》在此处释义时并未遵守这一原则。参考英语词典可知，对应词“light”在《牛高》中该项释义分为两条：①“［Usually before noun］easy to do；not making you tired（［通常在名词之前］容易做到；不会让你感到疲倦）”，凸显形式角色“easy to do”和评价角色“not making you tired”；②“Fun rather than serious and not needing much mental effort（有趣而不是严肃，不需要太多的脑力劳动）”，凸显形式角色“not needing much mental effort”和评价角色“fun rather than serious”。在《朗高》中的对应释义是“Work/exercise light work is not hard or tiring（工作/练习 轻松的工作不辛苦也不累）”，《朗高》的释义点明了主体论元“工作/练习”，形式角色“light”和评价角色“not hard or tiring”。在英语词典中，释义既凸显抽象事物的性质状态，属于形式角色，又表达认知主体对抽象事物的主观评价，属于评价角

色。结合语料，“轻”字常常出现在“任务、工作、负担、家务、劳动、责任、音乐、阅读、心情、精神、情绪”等名词后，常见的复合词包括“轻快”“轻松”“轻闲”“轻活儿”“活儿轻”“责任轻”“无官一身轻”等。因此，可以在释义中指出“轻松”的主体论元“工作/娱乐”，形式角色“不需要太多的体力和脑力劳动”和评价角色“不辛苦、不累”，由此建议调整该义项为“形（体力和脑力）不需要太多的劳动。”

例句如下。

① 士兵度过愉快的周末尚在酣睡，电台播送着［轻］快的音乐，一切都是那么和谐宁静。（当代\应用文\自然科学\中国儿童百科全书）

② 现在她还喜欢干点［轻］活，比如削柴火、围篱笆、烧饭之类。（当代\报刊\人民日报\1994 年人民日报\第 1 季度）

③ 近两年山西的煤炭企业出现大面积的亏损，近百万山西煤炭职工过得并不［轻］松。（当代\报刊\1994 年报刊精选）

④ 你就仔细想想吧，绝不比有工作的人［轻］闲自在！（当代\文学\梁晓声）

（3）形用力不猛：～抬～放|～声细语|风～云淡|脚步～～|～～推了他一下。

该义项与《现汉》中“轻”的义项⑤：“形用力不猛：～抬～放|～～推了他一下。”对应，《现汉》中的该释义点明了主体论元和形式角色。英语对应词“light”在《牛高》中该义项释义为：“［Usually before noun］gentle and without weight；not using much force［通常在名词之前］温柔无重量；不用力”，指出形式角色“gentle and without weight”和评价角色“not using much force”。在《朗高》中的对应词根据描述主体不同分为三个释义，分别是：“Wind a light wind is blowing without much force（风 一阵微风吹来，没有太大的力量）”“Sound a light sound is very quiet（声音 轻的声音很安静）”“Touch a light touch is gentle and soft（触摸 轻轻地触摸轻柔柔软）”。可见，《朗高》在释义

中注意到了“轻”所描述主体的不同，抓住了“light”这一共同的形式角色，并据此设立了 3 个义项。第一个义项主体论元是“wind”，第二个义项主体论元是“sound”第三个义项主体论元是“touch”。但三者都是抽象名词且同属动作范畴，形式角色都是“light”，没有必要分列义项。结合语料，该义项主体论元通常指向动作，指用很小的力量做某事而发出轻柔的声音。被修饰的名词通常是“脚步、呼吸、声音、微风、叹息、呻吟”等词语，常见的复字词包括“轻柔”“轻声细语”“风轻云淡”“脚步轻轻”等。为了避免义项划分过细，同时提高义项描写的准确性，建议在描写该义项时体现主体论元，故建议将《现汉》原有义项重新描写为“形动作用力不猛”。

例句如下。

① 但他还要高我一截，这个大家伙接球很［轻］，你可以放心把球传给他。（当代\史传\姚明 我的世界我的梦）

② 对这件引人遐想的古乐器他也惜墨如金，只让其各［轻］叩五下而已。（当代\报刊\读书\vol-145）

③ 卧室里，老太太发出一声［轻］微的叹息。（当代\文学\礼平 晚霞消失的时候）

④ 伴随着悠扬的旋律，孩子们在绿草［轻］风中舒展身体。（当代\报刊\1994 年报刊精选\10）

（4）形影响力或地位很小：不知～重|人微言～|民为贵君为～|他把钱财看得很～。

该义项与《现汉》中“轻”的义项⑥：“形不重要：责任～|人微言～。”对应。当“轻”由度量域投射到认知域，物体“重量小”的特征与事物的地位低和影响力小有相似之处，因为在人们的一般认知中，容易引起人们注意的通常是那些分量重的事物，它们的重要性和价值也相应地会显得越高。“轻”凸显人们对事物地位、影响力的主观消极评价，属于评价角色。常见

的短语有“看轻”“避重就轻”“人微言轻”“不知轻重”。《现汉》直接解释为“不重要”，采用了单纯的同义对释模式，查询“重要”在《现汉》中释义为“具有重大的意义、作用和影响的”，为了避免循环释义，根据词典用户至上原则建议将原有义项用“主体论元+评价角色”释义模式重新描写为以下新的义项：“形影响力或地位很小”。

例句如下。

① 把不重要的文化现象看重了，却把真正重要的文化现象看［轻］了。（当代\网络语料\博客\余秋雨博客）

② 很多人在批评和自我批评过程中，避重就［轻］、避实就虚。（当代\报刊\人民日报\2000 年人民日报）

2. 负载小；装备简单：～装|～骑兵|～车简从。

该义项与《现规》释义②：“形不笨重；灵巧：～装泅渡|～便|～盈。”对应，《现规》释义只凸显了形式角色。该义项在《牛高》对应词“light”的义项释义④：“［Usually before noun］of less than average or usual weight（［通常在名词之前］小于平均或通常的重量）”，其释义也凸显了形式角色。参考《现规》《牛高》释义并结合标注语料可知，该义项的主体论元通常指向具体事物，突出事物的分量和比重小于平均或常规的数量，装备简单，便于移动。被修饰的名词通常是“装备、汽车、骑兵、机枪”等，常见的复字词包括“轻便”“轻盈”“轻舟”“轻骑”“轻甲”“轻炮”“轻机枪”“轻轨”“轻装上阵”“轻车熟路”“轻型汽车”“驾轻就熟”等。《现汉》该义项已经采用了“主体论元+形式角色”释义，故不作修改。

例句如下。

① 开发的新型声纳要比原有声纳的探测能力更强、更省电、更［轻］便。（当代\网络语料\网页\C000024）

② 脱去了笨重的冬装，人［轻］盈得想要飞起来。（当代\史传\张清平 林徽因）

③ 中国女队［轻］装上阵，派上了二三四台的阵容。（当代\报刊\新华社\新华社 2003 年 4 月份新闻报道）

3. 形数量少：程度浅：年纪～|工作很～|～伤。

“轻”在度量范畴表示量级较小的含义，当“轻”用来凸显事物的状况和程度时，就会引申出“表示数量小，程度小”的意义，此时，“轻”由度量范畴映射到了程度范畴。常见的复字词包括“年纪轻”“轻剂量”“轻食”“轻症”“轻伤”“轻犯”“轻罚”“口味轻”等。该义项与《牛高》对应词“light”的义项④“Not great in amount，degree，etc（数量、程度等都不是很大）”对应，两部词典都点明了主体论元和形式角色，但都未对主体论元及其涉及的物性角色进行区分。当主体论元指向数量时，如“年纪轻、轻剂量、轻食”，一般凸显其形式角色“小”，当主体论元指向程度时，如“轻伤、轻犯、轻罚、口味轻”，主要凸显其评价角色“浅”。因此，根据主体论元及其物性角色的不同，“轻”可以分立为两个不同义项。根据“轻”字主体论元的变化，从数量和程度的不同角度归类建议将该条义项重新描写为以下 2 条新的义项。

（1）形数量少：年纪～|～剂量|～食|礼～情意重。

例句如下。

① 采用这种销售策略不但能减［轻］成本，节省中间费用，而且还有利于消费者。（当代\应用文\社会科学\哈佛管理培训系列全集\第 12 单元 哈佛经理公关艺术）

② 勃兰特嘱他在入睡前稍事散步，用热水和凉水交替洗脚，然后吃几粒［轻］剂量的安眠药。（当代\翻译作品\文学\从乞丐到元首）

③ 作母亲的不会计较孩子们给她买的礼物［轻］重，她们看重的是孩子的那份心意。（当代\报刊\人民日报\1993 年人民日报\5 月份）

（2）形程度浅：～症|～伤|～犯|～罚|口味～|～喜剧。

该义项与《牛高》对应词“light”义项⑩“Not serious（不严重）”以及

《朗高》对应词“light”释义“Punishment a light punishment is not very severe（惩罚从轻处罚不是很严厉）”一致，两部英文词典在释义中都抓住了“not very severe”这一评价角色，《朗高》还点明了“轻”的主体论元“punishment”。整理语料可知，“轻”所描述的主体不仅包括“惩罚”，还指向“病情”“伤情”“口味”“睡眠”“损失”等，如 “轻伤”“口味轻”“轻度近视”“病得不轻”“睡眠轻”“损失轻”等，故建议将主体论元确定为“程度”。

例句如下。

① 反之，如果打击力度较［轻］的话，强奸之后再杀被害妇女的比例会有所降低。（当代\口语\对话\策马入林——林思云、马悲鸣对话中国近代史）

② 一旦有个闪失，［轻］则伤残，重则致命。（当代\史传\李文澄 努尔哈赤）

③ 有的地区喜欢口味［轻］的啤酒，他们就减少苦味。（当代\报刊\人民日报\1994 年人民日报\第 2 季度）

4.（言行）不慎重考虑，随意：～信|～举妄动。

该义项主要作用是修饰动词或形容词性词语，因此义项的变化常与所修饰的动词或形容词性词语的属性有关系。当“轻”的“重量小，比重小”这一特征由物理度量域投射到具体的行为域，“轻”通常放在动词或形容词前面，并强调主体的主观感受，凸显主体论元“做事过急，草率行动”的特征，属于评价角色。《现汉》中该义项采用了以词释词释义模式，直接用近义词“轻率”释义，查询“轻率”在《现汉》中释义为“（说话做事）随随便便，没有经过慎重考虑”，凸显了主体论元“说话做事”、施成角色“没有经过慎重考虑”和评价角色“随随便便”。为了避免循环释义，根据词典用户至上原则建议将原有义项用“主体论元+施成角色+评价角色”释义模式重新描写为“（言行）不慎重考虑，随意”。

例句如下。

① 当时，无论是英国还是沙俄，无不慑于大清王朝的力量而不敢［轻］启事端。（当代\应用文\自然科学\中国儿童百科全书）

② 从这位才子的悲惨下场得出个没出息的结论：切莫［轻］易去打抱不平。（当代\报刊\1994 年报刊精选\01）

5. 不庄重；不严肃：～佻|～薄。

当“轻”的“重量小，比重小”这一特征由物理度量域投射到人的才品域，强调对人物语言行动及品行的主观评价，由形式角色转变为行为角色和评价角色。通过分析整理语料发现，该义项的主体论元通常指向人物的态度，常见的复字词如“轻浮”“轻狂”“轻薄”“轻嘴薄舌”。《现汉》中该义项采用以词释词的释义模式，查询“庄重”在《现汉》中释义为“（言语举止）端庄稳重；不随便；不轻浮”，释义中点明主体论元和评价角色，“严肃”在《现汉》中释义为“①（神情气氛等）使人感到敬畏的；②（作风态度等）严格认真”，凸显了主体论元和评价角色。为了避免循环释义，根据词典用户至上原则建议将原有义项用“主体论元+评价角色”释义模式重新描写为“（作风态度）随便，不认真：～佻|～薄～浮|～狂|～薄|～嘴薄舌|“～生死，重气节”是自古以来的中国文化传统。

例句如下。

① 一听姑姑的声音，他刚才［轻］浮玩笑的劲儿全没了。（当代\文学\非诚勿扰）

② 真正的生活原来并不像时下许多流行歌曲和室内剧所描绘的那么浪漫和［轻］狂。（当代\报刊\人民日报\1998 年人民日报）

6. 轻视：～慢|～敌|～生|～财重义。

整理语料可知，当“轻”由度量域投射到抽象的态度域时，物体“分量小、重量小”的特征与事物的重要性有相似之处，由对事物重量的描述引申至对某事、某人态度的描述，“轻”凸显主体主观消极评价色彩，属于评价角色。常见的短语有“轻视”“重利轻情”“轻人才”“轻生”“文人相轻”“重男轻女”“轻死重义”“重义轻财”。《现汉》中该义项采用同义对释模式，查询“轻视”在《现汉》中释义为“不重视；不认真对待”，查询“重视”在

《现汉》（社科院词典编辑室，2016，P1702）中释义为“认为人的德才优良或事物的作用重要而认真对待；看重”，凸显了施成角色“认为人的德才优良或事物的作用重要”行为角色“认真对待”和评价角色“看重”。为了避免循环释义，根据同场同模式原则建议将原有义项用“主体论元+评价角色+行为角色”释义模式重新描写为“对某人或事很不在意，认为不要紧：～慢|～敌|～财重义。”

例句如下。

① 我们更应注意重货币、[轻]财政的宏观政策对经济调控的乏力。（当代\报刊\人民日报\1995 年人民日报\7 月）

② 说不好听的，Jason 和 Shawn 所描述的她们多少有点自[轻]自贱。（当代\网络语料\网页\C000023）

（二）通过语料库发现“轻”字新义项分布

《现汉》中“轻”字未收录该义项。参考《现学》“轻”字义项⑪“稀薄的：～纱|～雾”，主体论元指向“物质的含量”，形式角色为“稀薄的”，在描写该义项时可以采用“轻”的主体论元和论元的形式角色进行释义。

例句如下。

① 我又听到一点极微的声音，我不知道是微风，还是[轻]雾？（现代\文学\散文 3）

② 在不少影片中，常常会出现这样的镜头：一对恋人在海滩上追逐，一个[轻]纱飘舞。（当代\应用文\自然科学\中国儿童百科全书）

三、小结

综上，对“轻”字在现代汉语中的义项重新划分和描写，归结了 11 个“轻”字义项，具体见表 6-4。

表 6-4　“轻”字各义项整理

《现汉》释义	重新划分和描写后释义
① 形重量小；比重小（跟“重”相对）：身～如燕|油比水～，所以油浮在水面上	① 形具体事物重量小，比重小：身～如燕|～水|～金属|～如鸿毛|～而易举|行李很～|羽毛又～又软|背包～了十多斤
④ 轻松：～音乐|无病一身～	② 形不需要太多的体力劳动或脑力劳动；不辛苦、精神压力少：～活|～松|负担～|～音乐|无病一身～|责任很～|～小说|责任～
⑥ 形用力不猛：～抬～放|～～推了他一下	③ 形动作用力不猛：～抬～放|～声细语|风～云淡|脚步～～|～～推了他一下
⑤ 形不重要：责任～|人微言～	④ 形没有地位或大的影响力：不知～重|人微言～|民为贵君为～|他把钱财看得很～
② 负载小；装备简单：～装|～骑兵|～车简从	⑤ 负载小；装备简单：～装|～骑兵|～车简从
③ 形数量少；程度浅：年纪～|工作很～|～伤	⑥ 形数量少：年纪～|～剂量|～食|礼～情意重
	⑦ 形程度浅：～症|～伤|～犯|～罚|口味～
⑦ 轻率：～信|～举妄动	⑧ 轻率：～信|～举妄动
⑧ 不庄重；不严肃：～佻|～薄	⑨ 不慎重，不严肃：～佻|～薄～浮|～狂|～薄|～嘴薄舌|“～生死，重气节”是自古以来的中国文化传统
⑨ 轻视：～慢～敌|～财重义	⑩ 对某事不在意，认为不重要：～视|～生|看～|～慢|～敌|～财重义|为人所～|“～生死，重气节”是自古以来的中国文化传统
	⑪ 含量稀薄的：～纱|～雾|～烟

第七章　才品类形容词义项划分及描写

第一节　“好”字义项划分及描写

一、建立“好”字平衡语料库并进行标注

根据《现代汉语频率词典》数据，“好”的频率是 0.306 30，使用度是 3 104，词次是 4 026。本书从北京大学现代汉语语料库（CCL 语料库）中下载了 35 类“好”字现代汉语语料，共计 732 450 条约 7 824 万字。针对不同时间段语料进行分阶段按比例抽取，共获得“好”字 10 000 条约 107 万字语料建立“好”字平衡语料库。本书抽取的语料在 CCL 语料库中具体分布情况见表 7-1。

表 7-1　“好”平衡语料库分类抽样表

二级分类	三级分类	四级分类	语料数量	抽取数量
当代	CWAC	—	4 600	500
	口语	1982 年北京话调查资料	150	150
		对话	2 038	400
		电视访谈	724	400

续表

二级分类	三级分类	四级分类	语料数量	抽取数量
当代	史传	—	5 471	700
	应用文	中国政府白皮书	361	200
		健康养生	3 106	200
		法律文献	166	166
		社会科学	6 768	200
		自然科学	2 251	200
		药方	392	100
		菜谱	2 365	100
		议论文	2 246	100
		词典	3 806	100
		说明书	257	100
	报刊	1994 年报刊精选	64 919	200
		人民日报	172 640	184
		作家文摘	21 620	200
		市场报	8 890	100
		故事会	675	200
		新华社	143 485	100
		读书	20 757	200
		读者	19 311	200
		青年文摘	251	200
	文学	—	102 876	800
	电视电影	文艺	10 718	400
		非文艺	75 182	400
	相声小品	—	4 626	800
	网络语料	—	31 813	800
	翻译作品	应用文	12 533	400
		文学	58 703	400
现代	戏剧	—	2 244	400
	文学	—	15 147	400
总计		—	732 450	10 000

逐一对这 10 000 条语料进行义项标注，发现“好（hào）”义项占 678 条，加上一些专用名词中共计 1 214 条，占 12.14%，另有为错字的语料共计 11 条，占 0.11%，这一类语料中对于研究“好”字的义项划分和描写意义不大，本书暂时忽略，不加讨论。后文中，对“好”字的义项分布统计，均以 10 000 条语料为计算范本。

二、情状类形容词“好”形容词义项分布情况的描写

1. 形优点多的；使人满意的（跟“坏”相对）：～人|～东西|～事情|～脾气庄稼长得很～。

《说文解字·女部》中对“好”的释义为：“好，美也。从女子。”可见，“好”本义指女子貌美。段玉裁注：“好本谓女子，引申为凡美之称。”爱美之心人皆有之，自古以来，美貌的女子更容易吸引人们的目光，赢得大家的喜爱，于是“好”由表示对外貌的肯定泛指对人或事物属性的肯定，当某个人或者某样事物能使人满意或让人喜爱，它一定也具有同样的特点。“好”即由较为具体的感知域引申到较为抽象的感知域，表示对事物属性的一种肯定性评价，属于评价角色。

形容词性的义项产生与其所修饰的名词物有着紧密联系，根据所标注语料，“好”字作为形容词性义项时，描写对象主要是人或事物，表示人或事物的状态或反映人们对人或事物的主观评价和情感色彩，凸显的是名词的评价角色。为避免带来歧义，我们将指人和指物的部分单独列义项，故将《现汉》原有的义项重新描写为以下 2 条新义项。

（1）形（人）品质优秀的；尽责的（跟“坏”相对）：～人|美～|良～|～好脾气|性格～|～学生|变～了|她特别～|班长真～。

当主体论元为人时，“优点多的”描述主体的思想品行与行为意义，确定了主体论元的分类属性，以区别于其他人，属于形式角色。参考《牛高》中对应词“good”的义项⑤“Able to do something well（能够做好某件事）”，

以及义项⑫“Having a useful or helpful effect on somebody/something（对某人/某事产生有用或有益的影响）”，英语词典释义凸显了评价角色“well”和“useful or helpful”。可见，当“好”指向人的品质时，“令人满意的特征”与人的品行属性相联系，“好”凸显了“（人的品质）使人满意；品行优秀，能力强，尽责，给他人和组织带来利益”之义。常见的短语有“好人”“好厨师”“好演员”“好球员”“好校长”“好老师”“好爸爸”等。

例句如下。

① 她们的悲剧被观众认可，而且所有的人都认为她们是［好］女人，就特别同情她们。（当代\报刊\作家文摘\1995B）

② 对于［好］学生来说，是否名家无关紧要，重要的是你是否肯钻研，肯下功夫。（当代\报刊\读者（合订本））

（2）（事物）令人满意的。

1）形（事物）达到人们所预期的标准：～事|～处|～话|～字|～消息|成绩～|条件～|论文写得～|庄稼长得很～|天气特别～|这么做不～

当主体论元为抽象事物时，通常指向自然域或社会域，“优点多，使人满意的”与主体论元的属性相联系，显示人们对事物的主观评价，以区别于处于同一认知域中的其他事物，属于形式角色。通过整理语料发现，人们在做出评价时，往往会在心里设定一个预期值或比较对象（可以是显性的，也可以是隐含在预设语境中的），再参考《牛高》中的对应词“good”的义项①“Of high quality or an acceptable standard（高质量或可接受的标准）”和义项②“Pleasant；that you enjoy or want（令人愉快的；你喜欢或想要的）”，以上两个释义分别凸显了形式角色“high quality”和评价角色“acceptable，pleasant”。故建议将该义项描写为“事物达到人们所预期的标准，令人满意”。

例句如下。

① 还有量子物理的关系，受到了评论家的普遍［好］评。（当代\应用文\自然科学\上帝掷骰子吗——量子物理史话）

② 写文章干干净净、清清楚楚是一种［好］习惯。（当代\应用文\社会科学\MBA宝典）

③ 道理很简单，投资环境［好］，就容易吸引资本，所以佛山应在此点上多动脑筋。（当代\报刊\1994年报刊精选\05）

2)（关系）友爱；和睦；亲近：友～|和～|～搭档|。

当“好”主体论元指向人与人之间的关系时，“好”由具体的物体域投射到抽象的社会域，“令人满意的特征”与关系的属性相联系，“好”凸显了主体论元的形式角色“友爱和睦”和评价角色“使人满意”，产生“（关系）使人满意；友爱和睦亲近”之义。该义项同《现汉》义项④：形友爱；和睦：友～|～朋友|他跟我～。常见的短语有“友好”“和好”“好同学”“好伙伴”“好朋友”“好邻居”“好伴侣”等。

例句如下。

① 这严格地限制了您毕业后工作努力程度以及和工作单位的良［好］关系。（当代\应用文\社会科学\MBA宝典）

② 教师要热爱学生，建立友［好］的师生关系。（当代\CWAC\AEB0001）

3)（身体）健康；（疾病）痊愈：体质～|身子比去年～多了|他的病～了。

当“好”的主体论元指向身体状况时，“好”由具体的物体域投射到抽象的健康域，“令人满意的特征”与身体属性相联系，“好”凸显了主体论元的形式论元“健康”和评价论元“使人满意”，产生“（身体状况）使人满意；健康；疾病没了”之义。该义项同《现汉》义项⑤：形（身体）健康；（疾病）痊愈：体质～|身子比去年～多了|他的病～了。《牛高》中对应词“good”该义项的释义为：“Healthy or strong（健康或强壮）”，同样也凸显了主体论元的形式角色。常见的短语有“好身体”“病好了”“好体魄”等。

例句如下。

① 我们边钓边聊，她说自己身子骨［好］，虽然近年患有高血压等疾病，

但不要紧。（当代\报刊\人民日报\2000年人民日报）

②“沙蒙先生，你［好］点了吗？”赖恩问道，妈妈按了一下病床旁箭头向上的按钮。（当代\翻译作品\文学\可爱的骨头）

4）（事物）给人带来感官或精神上的享受：～书|～画|～歌|～风景|～作品|～风景|～酒|颜色真～。

当“好”的主体论元指向具体人造物时，“令人满意的特征”与事物的属性相联系，“好”凸显了具体人造物的功能角色“给人们带来享受”和评价角色“使人满意”，于是产生“（事物）使人满意；给人带来感官或精神上的享受”之义。常见的短语有“好书”“好画”“好风景”“好作品”“好风景”“好电影”“好音乐”“好酒”“好菜”“好味道”“好猫”“好狗”等。

例句如下。

①要演戏，就必须有［好］剧本。（当代\报刊\作家文摘\1997\1997C）

②要广泛倡导男女平等的观念，改善女孩的生存环境，形成全社会关爱女孩的良［好］氛围。（当代\报刊\新华社\新华社2003年12月份新闻报道）

5）用在动词前，表示在感官方面使人感到舒服：～看|～听|～吃。

整理语料可知，该义项多跟感觉类的单音节动词组合以“好+动词”结构出现，例如，“好看”“好听”“好吃”“好玩”“好闻”“好受”等，主要凸显在看、听等感官方面使人感到满意舒服。该义项同《现汉》中“好”的义项③：用在动词前，表示使人满意的性质在哪方面：～看|～听|～吃。

例句如下。

①网络推广要做到精准营销，互联网环境下比较［好］用的工具有三个。（当代\CWAC\CME0205）

②其实爱情里面，我常觉得掉进爱情去的那个感觉是很好［看］的。那么更好［看］的其实是离开那个感觉，或者那个东西没有了，更好［看］。（当代\口语\对话\杨澜对话热点人物：杨澜访谈录Ⅱ）

6）合宜；妥当：初次见面，不知跟他说些什么～。

当“好”修饰的对象指向具体言行时，“好”由具体的物体域投射到抽象的言行域，“令人满意的特征”与语言、动作的属性相联系，“好”凸显了“（语言、行为）使人满意、舒适”之义。该义项同《现汉》中“好”的义项②：形合宜；妥当：初次见面，不知跟他说些什么～。常见的短语有“最好”“好机会”“好时间”“好时机”“好机遇”等。

例句如下。

① 身材瘦小而文静的人，最［好］穿色彩浅淡、鲜艳的服装。（当代\应用文\健康养生\养生与健美方法100例）

② 我们怀着不知说什么［好］的心情离开了首都。（当代\报刊\人民日报\1994年人民日报\第1季度）

7）形用在动词后，表示行为完成或达到令人满意的地步：计划订～了|功课准备～了|外边太冷，穿～了衣服再出去|坐～吧，要开会了。

整理语料可知，该义项多出现在行为动词后，与动词组合以“行为动词+好”的结构出现，例如，“看好了”“听好了”“吃好了”“玩好了”“穿好了”“写好了”等，主要凸显动作行为的完成状态，或动作行为达到使人感到满意舒服的程度。口语中，“好”前面的动词可以省略：如“菜准备好了”可以说“菜好了”。该义项同《现汉》中“好”的义项⑦：形用在动词后，表示完成或达到完善的地步：计划订～了|功课准备～了|外边太冷，穿～了衣服再出去|坐～吧，要开会了。

例句如下。

① 要学好、用［好］语言，必须利用语言研究的成果。（当代\CWAC\ALT0049）

② 昨晚上没有［睡］好，今天起来脸色也难看了，黑眼圈也出来了。（当代\应用文\健康养生\王昕 黄帝内经中的女人养生养颜经）

③ 应当配合违法犯罪未成年人所在的少年犯管教所等单位，共同做［好］违法犯罪未成年人的教育挽救工作。（当代\应用文\法律文献\法律问答）

2. 表示某种语气

该义项同《现汉》中“好”的义项⑧：形表示赞许、同意、结束或转换话题等：～，就这么办|～，今天的课就上到这儿|～，我们再来说说另一个问题。

“好”在这种情况下虚化为一种语气，一般不具有具体的涵义，是对一个话题或任务总体上的一种肯定或结束或开启新的话题。《牛高》中对应词“good”该义项释义为“Used in speaking to show that you approve of or are pleased about something that has been said or done，or to show that you want to move on to a new topic of conversation（用于说话，以表明您赞成或对已经说过或做过的事情感到高兴，或表明您想继续讨论新的话题）”。为了便于二语习得者理解，避免带来歧义，我们将这几种情况单独列义项，故将《现汉》原有的义项⑧重新描写为以下 4 条新义项。

（1）表示赞许、同意：～，做得不错。|～，继续！|～，就按你的方法办。

整理语料可知，该义项通常用于谈话过程中，以表明赞成或对已经说过或做过的事情感到满意。例如，“好，太让人高兴了！”“好，做得不错。”“好，继续！”“好，按你的方法办。”“好，先这样试试吧。”“这样也好，就先这么决定吧。”等。

（2）表示结束：～的，再见。|～了，会议结束。|～，放学！

整理语料发现，该义项通常出现在谈话的末尾，表示话题或者活动告一段落。例如，“好的，再见。”“好了，会议结束。”“好，放学。”“那好，我们走了。”等。

（3）表示转换话题：～，下一议程。|～了，我们谈谈另一个问题。

整理语料发现，该义项通常出现在谈话中途一个话题到另一个话题之间，表示对旧话题的总结和新话题的开启。例如，“好，下一议程。”

（4）反话，表示不满意：～，这一下可麻烦了。

该义项同《现汉》中“好”的义项⑨：形反话，表示不满意：～，这一下可麻烦了。

整理语料可知，该义项通常表示正话反说，表示不满意、讽刺、警告等。例如，“好，这下都搞砸了吧？”“好，这下麻烦闹大了。”“好，全都是骗人的话。”“好，那走着瞧！”“好一个全班第一！”等。

3. 用在短语和句子里

（1）表示问候和祝愿：您～|早上～|～睡|您～走。|代问你母亲～

该义项同《现汉》中“好”的义项⑥：形用于客套话：～睡|您～走。

通过整理语料发现，“您好”“你好”常用于日常生活中人们见面打招呼和书信的开头，表示问候和祝愿。同样的还有“走好”“早上好”“代问好”“进来一切可好？”“祝一切好”

（2）表示征询和商量：～吗|～吧|～不～|再吃一碗，～吗？|那我们明天一早出发～吧？|我们再选几家，～不～？

此义项通常与疑问词连用，表示征询和商量语气。例如，“好吗”“好吧”“好不好”“再吃一碗，好吗？”“那我们明天一早出发好吧？”“我们再选几家，好不好？”

（3）表示不耐烦：别吵了～不～！|请不要再用相同的理由犯错了～吗！|是你自己的问题～吧！

此义项通常出现在祈使句中，表示不耐烦的语气。例如，“请不要再用相同的理由犯错了好吗！”“别吵了好不好！”“是你自己的问题好吧！”

（4）表示劝导和建议：实在吃不消就请假～了。

举例如下：“实在吃不消就请假好了。”“这件那么贵，我们还是选择性价比高的那件好了。”

（5）表示罗列的情况：不管晴天也～，下雨天也～，周末的活动按原计划举行。

常见的句式有“……也好……也好”，用来罗列不同的情况，例如，“不

管是下雨也好，不下雨也好，明天的计划都照常进行。”“年轻人也好，老年人也好，都要学会控制自己的情绪，不要被情绪牵着鼻子走。”

例句如下。

总之，水利也［好］，外敌也［好］，士的创造力也［好］，也许分别在某种限度对促成中国专制官僚政治有所帮助。（当代\CWAC\APB0063）

4. 做起来不费事、容易（限用于动词前）：那个歌儿～唱|这个问题很～回答。

通过整理语料可知，“好”字此义项通常出现在行为动词前充当动词的修饰性成分，构成“好+动词”结构。这时“好”仍然表示一种肯定性的态度，可以理解为“令人满意的”，既然是“令人满意的、愉悦的”，这种动作行为实施起来一定是不费事、容易的，因此“好”的意义可以泛化引申出“容易”的义项。此义项同《现汉》中“好”的义项⑩：形容易（限用于动词前）：那个歌儿～唱|这个问题很～回答。

例句如下。

① 这个问题不大好，不大［好］说，反正我随便说啊。（当代\口语\1982年北京话调查资料）

② 我们的问题是，诸葛亮这个使命［好］完成吗？不［好］完成。（当代\电视电影\非文艺\易中天品三国）

三、小结

综上，对“好”字在现代汉语中的义项重新划分和描写，归结了“好”字义项，具体见表 7-2。

表 7-2　“好”字各义项整理

《现汉》释义	重新划分和描写后释义
① 形优点多的；使人满意的（跟“坏”相对）：～人|～东西|～事情|～脾气|庄稼长得很～	① 形（人）品质优秀的；尽责的（跟“坏”相对）：～人|美～|良～|～好脾气|性格～|～学生|变～了|她特别～|班长真～

续表

《现汉》释义	重新划分和描写后释义
② 形合宜；妥当：初次见面，不知跟他说些什么～	② 形（事物）令人满意的：a. 形（事物）达到人们所预期的标准：～事|～处|～话|～字|～消息|成绩～|条件～|论文写得～|庄稼长得很～|天气特别～|这么做不～b.（关系）友爱；和睦；亲近：友～|和～|～搭档 c.（身体）健康；（疾病）痊愈：体质～|身子比去年～多了|他的病～了。d.（事物）给人带来感官或精神上的享受：～书|～画|～风景|～作品|～风景|～酒|颜色真～e. 用在动词前，表示在感官方面使人感到舒服：～看|～听|～吃。f. 合宜；妥当：初次见面，不知跟他说些什么～。g. 用在动词后，表示行为完成或达到令人满意的地步：计划订～了|功课准备～了|外边太冷，穿～了衣服再出去|坐～吧，要开会了
③ 形用在动词前，表示使人满意的性质在哪方面：～看|～听|～吃	
④ 形友爱；和睦：友～|～朋友|他跟我～	
⑤ 形（身体）健康；（疾病）痊愈：体质～|身子比去年～多了|他的病～了	
⑦ 形用在动词后，表示完成或达到完善的地步：计划订～了|功课准备～了|外边太冷，穿～了衣服再出去|坐～吧，要开会了	
⑧ 形表示赞许、同意、结束或转换话题等：～，就这么办|～，今天的课就上到这儿|～，我们再来说说另一个问题	③ 形表示某种语气：a. 表示赞许、同意：～，做得不错。|～，继续！|～，就按你的方法办。b. 表示结束：～的，再见。|～了，会议结束。|～，放学！c. 表示转换话题：～，下一议程。|～了，我们谈谈另一个问题。d. 反话，表示不满意：～，这一下可麻烦了
⑨ 形反话，表示不满意：～，这一下可麻烦了	
⑩ 形用于客套话：～睡|您～走	④ 用在短语和句子里：a. 表示问候和祝愿：您～|早上～|～睡|您～走。|代问你母亲～b. 表示征询和商量：～吗|～吧|～不～|再吃一碗，～吗？|那我们明天一早出发～吧？|我们再选几家，～不～？c. 表示不耐烦：别吵了～不～！|请不要再用相同的理由犯错了～吗！|是你自己的问题～吧！d. 表示劝导和建议：实在吃不消就请假～了。e. 表示罗列的情况：不管晴天也～，下雨天也～，周末的活动按原计划举行
⑪ 形容易（限用于动词前）：那个歌儿～唱|这个问题很～回答	⑤ 形做起来不费事、容易（限用于动词前）：那个歌儿～唱|这个问题很～回答
	⑥ 用在称谓名词前表达一种祈求、恳求或者委婉撒娇的语气

第二节 “坏”字义项划分及描写

一、建立“坏”字平衡语料库并进行标注

根据《现代汉语频率词典》数据，“坏”的频率是 0.025 87，使用度是 268，词次是 340。本书从北京大学现代汉语语料库（CCL 语料库）中下载

了 35 类“坏”字现代汉语语料,共计 64 071 条约 648 万字。针对不同时间段语料进行分阶段按比例抽取，共获得“坏”字 10 000 条约 108 万字语料建立“坏”字平衡语料库。本书抽取的语料在 CCL 语料库中具体分布情况见表 7-3。

表 7-3 “坏”平衡语料库分类抽样表

<table>
<tr><th>二级分类</th><th>三级分类</th><th>四级分类</th><th>语料数量</th><th>抽取数量</th></tr>
<tr><td rowspan="29">当代</td><td>CWAC</td><td>—</td><td>1 001</td><td>500</td></tr>
<tr><td rowspan="3">口语</td><td>1982 年北京话调查资料</td><td>7</td><td>7</td></tr>
<tr><td>对话</td><td>239</td><td>239</td></tr>
<tr><td>电视访谈</td><td>29</td><td>29</td></tr>
<tr><td>史传</td><td></td><td>545</td><td>510</td></tr>
<tr><td rowspan="10">应用文</td><td>中国政府白皮书</td><td>79</td><td>79</td></tr>
<tr><td>健康养生</td><td>341</td><td>305</td></tr>
<tr><td>法律文献</td><td>255</td><td>255</td></tr>
<tr><td>社会科学</td><td>902</td><td>300</td></tr>
<tr><td>自然科学</td><td>361</td><td>300</td></tr>
<tr><td>药方</td><td>29</td><td>29</td></tr>
<tr><td>菜谱</td><td>17</td><td>17</td></tr>
<tr><td>议论文</td><td>320</td><td>300</td></tr>
<tr><td>词典</td><td>1 185</td><td>200</td></tr>
<tr><td>说明书</td><td>64</td><td>64</td></tr>
<tr><td rowspan="9">报刊</td><td>1994 年报刊精选</td><td>4 356</td><td>300</td></tr>
<tr><td>人民日报</td><td>12 066</td><td>300</td></tr>
<tr><td>作家文摘</td><td>1 562</td><td>400</td></tr>
<tr><td>市场报</td><td>487</td><td>300</td></tr>
<tr><td>故事会</td><td>67</td><td>67</td></tr>
<tr><td>新华社</td><td>14 576</td><td>300</td></tr>
<tr><td>读书</td><td>2 691</td><td>300</td></tr>
<tr><td>读者</td><td>1 800</td><td>300</td></tr>
<tr><td>青年文摘</td><td>27</td><td>27</td></tr>
<tr><td>文学</td><td>—</td><td>7 500</td><td>1 400</td></tr>
<tr><td rowspan="2">电视电影</td><td>文艺</td><td>593</td><td>400</td></tr>
<tr><td>非文艺</td><td>670</td><td>300</td></tr>
</table>

续表

二级分类	三级分类	四级分类	语料数量	抽取数量
当代	相声小品	—	384	384
	网络语料	—	2 614	600
	翻译作品	应用文	2 331	300
		文学	5 450	400
现代	戏剧	—	148	148
	文学	—	1 376	600
总计		—	64 071	10 000

逐一对这 10 000 条语料进行义项标注，发现“坏”字用在一些专用名词中共计 139 条，占 1.395%，另有为错字的语料共计 14 条，占 0.14%，如“怀抱（*坏）”“还有（*坏）”等，这一类语料中对于我们研究“坏”字的义项划分和描写意义不大，本书暂时忽略，不加讨论。后文中，对“坏”字的义项分布统计，均以 10 000 条语料为计算范本。

二、情状类形容词“坏”义项分布情况的描写

（一）“坏”在《现汉》中的义项分布

1. 形缺点多的；使人不满意的（跟“好”相对）：工作做得不～。

该义项在“坏”字平衡语料库中共有 962 条，使用频率约为 9.62%。

《说文·土部》中对“坏”的释义为：“坏，丘一成者也。一曰瓦未烧。从土，不声。”本义为只有一重的山丘；也指尚未烧制的砖、瓦、陶瓷等的半成品。又“壞，败也。从土，裂声。”本义为墙壁倒塌、破败。因此，“坏”的本义指建筑物遭到破坏而倒塌。

随着汉语的发展，这个本义已渐渐消失，人们对“坏”总是持否定态度，泛指对人或事物属性的否定性评价，从感情色彩上看，“坏”具有鲜明的贬义色彩。凡是恶劣的，未能达到预期的，有害而无用的，或具有“使变坏”

意味的事物都可以用“坏”来表示，表现为不满意。

根据所标注语料，“坏”字作为该形容词性义项时，主体论元通常指向抽象事物，如“教育”“经济”“生产力”“国家机器”“感情”“形象”“婚姻”等，凸显的是主体论元的形式角色和评价角色。人们在做出评价时，往往会在心里设定一个预期值或比较对象（可以是显性的，也可以是隐含在预设语境中的），未符合预期值，就会产生消极评价。参考《牛高》中对应词“bad”的义项①“Unpleasant；full of problems（不愉快；问题重重）”②“Of poor quality；below an acceptable standard（质量差；低于可接受的标准）”，该释义凸显了形式角色“of poor quality、full of problems”和评价角色“unpleasant”。“below an acceptable standard”与事物属性相联系，凸显了主体论元的形式角色“未能符合预期标准”和评价角色“令人不满意”。常见的短语有“坏处”“坏天气”“坏分数”“坏脸色”“坏笑”“坏心情”“坏形象”等。

例句如下。

①连着六七个人都责备工作搞［坏］了，干部恐怕存身不住了，好像区委把什么都干［坏］了。（当代\文学\雪克 战斗的青春）

②采购来的猪肉质量好［坏］，一上柜台即见分晓。（当代\报刊\人民日报\1995年人民日报\2月份）

③土地嘛，虽说有些地方还不算［坏］，但好大一片地方的土质还是相当贫瘠的。（当代\报刊\人民日报\1994年人民日报\第2季度）

综上，将《现汉》中该义项用“形式角色+评价角色”描写为：形未能达到预期标准的；使人不满意的（跟“好”相对）：～处|～天气|～习惯产品质量不～|这主意不～。

2. 形品质恶劣的；起破坏作用的：～人|～事|这个人～透了。

该义项在“坏”字平衡语料库中共有1 862条，使用频率约为18.62%。

当该形容词义项主体论元指向人时，“品质恶劣”描述主体的思想品行与行为意义，属于形式角色，“起破坏作用的”属于评价角色。当“坏”激活主体论元的评价角色，如“坏人”“坏孩子”，“坏”产生“(人的品质）恶劣，使人不满意”之义；当“坏”激活人的功能角色，如“坏男人”“坏爸爸”，“坏”产生“能力差，未尽责的”之义。常见的短语有“坏人”“坏蛋”“坏孩子”“坏男人”“坏老师”“坏爸爸”“心肠坏”“坏榜样”“宠坏”等。

例句如下。

①“狗娘养的邱得世，真［坏］！老子拼上命也要出这口气！”（当代\文学\马峰 吕梁英雄传）

② 盛怒之下这名以［坏］脾气闻名的法国球星飞身用脚踢向这名球迷，随后双方以拳相对。（当代\报刊\人民日报\1995 年人民日报\1 月）

③ 把人的知识才能和道德品质的好［坏］，说成是天生的遗传决定的，都是非常荒谬的。（当代\CWAC\AEM0016）

当该形容词义项的主体论元为事物时，“起破坏作用的”与所修饰事物的属性相联系，显示人们对事物的主观消极评价，属于评价角色。参考《牛高》中对应词“bad”的义项⑤“Morally unacceptable（在道德上是不可接受的）”和义项⑧“Bad for somebody/something harmful; causing or likely to cause damage（对某人/某事有害；造成或可能造成损害）”。第一个释义凸显了主体论元“道德”和评价角色“unacceptable”，第二个释义凸显了客体论元“somebody/something”、形式角色“harmful”和结果论元“causing or likely to cause damage”。常见的短语有“坏话”“坏事”“坏道理”“坏心眼”“影响很坏”“坏风气”“坏书”“坏念头”等。

例句如下。

① 公务活动中的送礼收礼歪风看起来事小，实际上影响很大很［坏］。（当代\报刊\人民日报\1995 年人民日报\5 月）

② 一个人的行为若是很［坏］，受到社会惩罚，显然不是全胜的方法。（当代\CWAC\APB0050）

③ 第一次听到人议论她，说她的［坏］话，她百思不解。（当代\文学\

马兰 阅读和对话）

形容词义项的描写具有单一性，所以词典在解释义项时要突出该物性角色所修饰对象的唯一性，因此修饰人的部分与修饰物的部分不宜并列义项，为避免带来歧义，我们将指人和指物的部分单独列义项，故将《现汉》原有的义项重新描写为以下新义项。形品质恶劣的；起破坏作用的：a.指人～人|～脾气|～家伙|这个人～透了；b. 指事物～话|～事|～影响|～心眼儿|这种做法太～了。

3. 形不健全的；无用的；有害的：～鸡蛋|水果～了|玩具摔～了。

该义项在“坏”字平衡语料库中共有 2 369 条，使用频率约为 23.69%。

当该义项的主体论元指向人体时，“不健全的；无用的”与身体的属性相联系，点明主体论元的功能角色“无用的”，同时显示人们主观消极评价“不健全的”，属于评价角色。参考《牛高》中对应词“bad”的义项⑧“[Usually before noun]（of parts of the body）not healthy；painful [（身体的某些部位）不健康，令人疼痛的]”，该释义重点凸显了评价角色。综上，“坏”产生“（身体）遭受损害，失去原有功能的”之义。常见的短语有“坏牙”“手撞坏了”“坏死”“金刚不坏之身”等。

例句如下。

① 手术最佳的效果：不留瘢痕，不留麻坑，不破［坏］毛囊。（当代\报刊\人民日报\1994 年人民日报\第 4 季度）

② 更严重者，皮肤可出现大疱疮甚至发生［坏］死。（当代\应用文\健康养生\养生与健美方法 100 例）

③ 你不早说？精神不够，医［坏］了人怎么办？（当代\文学\张小娴 面包树上的女人）

当该义项的主体论元指向人造类事物时，“不健全的；无用的”与所修饰具体事物的属性相联系，显示人们的主观消极评价，属于形式角色。参考《朗高》中对应词“damaged”的义项①“Something that is damaged has been harmed or injured（损坏的东西已经受到伤害或受伤）”，凸显人造类事物的功能角色“damaged”和评价角色“harmed or injured”，“坏”产生“（事物）遭受损害，失去原有功能，残损或无用”之义。常见的短语有“冲坏”“浸坏”“摔坏”“霉坏”“砸坏”“拍坏”“毁坏”“炸坏”“破坏”“穿坏”“电视坏了”“手机坏了”等。

例句如下。

① 买了压力锅，不［坏］只管使——这一观念该变一变了。当代\报刊\人民日报\1994 年人民日报\第 2 季度

② 他将法国总统密特朗的照片拍［坏］了而被要求重拍。（当代\报刊\作家文摘\1994\1994B.）

③ 如今这鞋劣质产品居多上脚就［坏］。（当代\文学\魏润身 挠攘）

当该义项的主体论元为食物时，“无用的；有害的”与食物的属性相联系，显示人们对食物状态的主观消极评价，属于评价角色。当“坏”激活食物的功能角色和评价角色时，“坏”产生“（食物）遭受损害或由于自然原因失去原有食用功能，无用甚至产生有害霉菌”之义等。

例句如下。

① 公司把流行视为犹如容易腐［坏］的食品，必须时时保持它的新鲜。（当代\史传\张剑 世界 100 位富豪发迹史）

② 这次水果仍然赚不到多少钱，主要原因有二：一是运输费成本高，二是烂掉［坏］掉不少。（当代\报刊\人民日报\1995 年人民日报\6 月）

当“坏”该义项的主体论元指向“资源、尊严、信用、氛围、价值、体系、理论、情况、局面、社会秩序、市场、风俗习惯、系统、文化、结构体系、风水”等对象时，“无用的；有害的”与所修饰抽象事物的属性相联系，显示人们的主观消极评价，属于评价角色。“坏”凸显了“（抽象事物）遭受损害，失去原有功能，无用甚至产生有害结果”之义。通过整理语料发现，“坏”常常跟在行为动词后面，形成“动+坏”组成动结式短语，“坏”表示

遭受损坏后抽象事物产生的不好的结果。常见的复字词有“毁坏”“损坏”“败坏”“破坏”“搞坏”。

例句如下。

① 这与中游中原文化破［坏］，水土因而保持有关。（当代\CWAC\AHM0033）

② 破［坏］行业规范的情节恶劣者，依据法律规则进行制裁。（当代\报刊\人民日报\1995 年人民日报\6 月份）

③ 它导致对弄清事物的真理的兴趣的败［坏］。（当代\翻译作品\应用文\通过知识获得解放）

综上，为了突出物性角色所修饰对象的唯一性，同时为避免带来歧义，我们将指人和指物（具体事物与抽象事物）的部分单独列义项，故将《现汉》原有的义项③用义项群的方式重新描写为以下新义项。

形遭受损害，失去原有的功能：不健全的；无用的；有害的。a）用于人体 牙～了|摔～一条腿|身体～了；b）用于物品 凳子～了|鞋～了|电脑没～|玩具摔～了；c）用于食物～鸡蛋|坏苹果|水果～了；d）用于抽象事物 败～风气|破～社会秩序|破～团结|损～声誉。

4. 动使变坏：吃了不干净的食物容易～肚子。

该义项在“坏”字平衡语料库中共有 2873 条，使用频率约为 28.73%。

在分析整理语料时我们发现，该义项通常以“坏（了）+受事论元”的模式出现，其中“坏”突出指向的是受事论元。通过整理语料可知，受事论元除了“坏肚子”“坏了一锅汤”等指代具体事物的以外，还有“坏了大计”“坏事”“坏了心”“坏了名声”“坏了生意”“坏了兴致”“坏了风水”等指代抽象事物的受事论元，显然，《现汉》已有的义项并没有注意到这一点。因此，我们可以将“指具体事物”或是“指抽象事物”的对象区分开来，同时考察结果论元，当主体论元指向具体事物时，结果论元为“失去原有功能”；当主体论元指向抽象事物时，结果论元为“产生不好的结果”。综上，我们将《现汉》中原有的义项以“客体论元+原因论元+结果论元”重新描写为以下新义项。

动由于某些外在原因使事物遭受损害。a）指具体事物失去原有功能。～肚子 |一颗老鼠屎～了一锅汤|省了盐，～了酱|一个烂桃～满筐；b）指抽象事物产生不好的结果：～了名声|～了前途|～了好事|～了风水。

例句如下。

① 你生一个就节育，不怕[坏]了咱黎族人子孙满堂的规矩。(当代\报刊\人民日报\1995年人民日报\5月)

② 终于不幸，大[坏]气氛的事情发生了。(当代\文学\韩寒 三重门)

5. 形表示身体或精神受到某种影响而达到极不舒服的程度,有时只表示程度深：饿～了|气～了|忙～了|这件事可把他乐～了。

根据标注语料，“坏”的该义项常常出现在某些动词、形容词后面，组成“动、形+坏”的结构，此时，“坏”的含义虚化，只是用来表示主体的感受程度。参考《现规》中“坏”字义项⑤：“形用在某些动词或形容词后面，表示达到了极深的程度：急～了丨饿～了丨乐～了。(主要用于人)”和《现学》中“坏”字义项⑤：“形用在某些形容词和动词后，表示程度深：乐～了丨急～了丨你老不来，可把我想～了。”根据该义项经常“用在某些形容词和动词后”这一搭配习惯，该义项“坏”字均是在动词或形容词前后出现，用来修饰动作或状态的程度，因此描写义项时可适当地突出语法功能。综上，建议将该条义项重新描写为以下新义项。形（主要用于人）用在某些形容词和动词后，表示程度深：饿～了|气～了|忙～了|这件事可把他乐～了。

例句如下。

① 还有个苛刻条件，要五十两上等烟土，这真是把我们为难[坏]了。(当代\文学\马识途 夜谭十记)

② 听了这个消息，我高兴[坏]了，当即就想去报名。(当代\史传\中国北漂艺人生存实录)

6. 名坏主意：使～|一肚子～。

该义项在“坏”字平衡语料库中共20条语料，使用频率约为0.20%。

我们参考了《现规》中“坏”字义项④的释义：“名坏主意；卑劣手段：一肚子～水丨使～。”《现学》中的“坏”字义项⑦的释义：“名坏主意；坏手法：使～。”依据语料分析发现，“坏”字该义项为名词，“他揣着一肚子坏”涉及名词的单位角色，“一肚子”凸显了名词所指事物的计量单位，该义项还强调突出名词的处置角色，“怕他对王稼祥使坏”，此时，“使坏”中的“坏”应理解为“卑劣的手段”，“使坏”意为使用卑劣的手段。为了避免以词释词，便于词典用户的理解，将《现汉》原有义项修改为以下新义项。

名不正当的想法或手段：使～|一肚子～。

例句如下。

① 其人正直，见不得掺假使[坏]，不发不义之财。（当代\文学\陆步轩 屠夫看世界）

② 他脸上越镇静，越叫人们看出他揣着一肚子坏。（现代\文学\老舍长篇2）

（二）通过语料库发现“坏”字新义项分布

通过对所收集的语料进行分析，我们为“坏”设立以下1个新义项。

反话，用于亲密关系，表示亲昵称呼或委婉撒娇的语气：你好～|小～蛋。

《现汉》中并未收录这一义项，但是在抽样语料中，“坏”的这一用法用例不少，所以本书将该义项描写为“坏”的一个新义项。该义项常指在亲密关系中的昵称，如“小坏蛋”“坏宝宝”等。

例句如下。

① 肉麻与装嫩是言情剧的一大特色，那些“你[坏]你[坏]你好[坏]”“你真的让我的心好痛”之类的台词，让人听了浑身直起鸡皮疙瘩。（当代\史传\中国北漂艺人生存实录）

② 你这个小［坏］蛋，为什么你不爱我？（当代\文学\残雪自选集）

三、小结

综上，对“坏”字在现代汉语中的义项重新划分和描写，归结了7个“坏”字义项，具体见表7-4。

表 7-4 “坏”字各义项整理

《现汉》释义	重新划分和描写后释义
① 形缺点多的；使人不满意的（跟“好”相对）：工作做得不～	① 形未能达到预期标准的；使人不满意的（跟“好”相对）：～处|～天气|～习惯产品质量不～|这主意不～
② 形品质恶劣的；起破坏作用的：～人|～事|这个人～透了	② 形品质恶劣的；起破坏作用的：a）指人～人|～脾气|～家伙|这个人～透了。b）指事物～话|～事|～影响|～心眼儿|这种做法太～了
③ 形不健全的；无用的；有害的：～鸡蛋|水果～了|玩具摔～了	③ 形遭受损害，失去原有的功能：不健全的；无用的；有害的。a）用于人体：牙～了|摔～一条腿|身体～了；b）用于物品：凳子～了|鞋～了|电脑没～|玩具摔～了；c）用于食物：～鸡蛋|坏苹果|水果～了；d）用于抽象事物：败～风气|破～社会秩序|破～团结|损～声誉
④ 动使变坏：吃了不干净的食物容易～肚子	④ 动由于某些外在原因使事物遭受损害。a）指具体事物失去原有功能：～肚子 |一颗老鼠屎～了一锅汤|省了盐，～了酱|一个烂桃～满筐；b）指抽象事物产生不好的结果：～了名声|～了前途|～了好事|～了风水
⑤ 形表示身体或精神受到某种影响而达到极不舒服的程度，有时只表示程度深：饿～了|气～了|忙～了|这件事可把他乐～了	⑤ 形（主要用于人）用在某些形容词和动词后，表示程度深：饿～了|气～了|忙～了|这件事可把他乐～了
⑥ 名坏主意：使～|一肚子～	⑥ 名不正当的想法或手段：使～|一肚子～
	⑦ 形反话，用于亲密关系，表示亲昵称呼或委婉撒娇的语气：你好～|小～蛋

第八章　味觉类形容词义项划分及描写

第一节　“苦”字义项划分及描写

一、建立“苦”字平衡语料库并进行标注

根据《现代汉语频率词典》数据，“苦”的频率是 0.014 20，使用度是 136，词次是 186。

本书从北京大学现代汉语语料库（CCL 语料库）中下载了 35 类“苦”字现代汉语语料，共计 115 119 条约 1 198 万字。针对不同时间段语料进行分阶段按比例抽取，共获得“苦”字 10 000 条约 120 万字语料建立“苦”字平衡语料库。本书抽取的语料在 CCL 语料库中具体分布情况见表 8-1。

表 8-1　“苦”平衡语料库分类抽样表

二级分类	三级分类	四级分类	语料数量	抽取数量
当代	CWAC	—	355	100

续表

二级分类	三级分类	四级分类	语料数量	抽取数量
当代	口语	1982 年北京话调查资料	303	100
		对话	212	50
		电视访谈	76	50
	史传	—	1 017	400
	应用文	中国政府白皮书	39	16
		健康养生	300	100
		法律文献	4	4
		社会科学	1 565	300
		自然科学	501	100
		药方	839	200
		菜谱	185	50
		议论文	263	50
		词典	1 132	500
		说明书	14	10
	报刊	1994 年报刊精选	11 848	1 000
		人民日报	28 320	1 000
		作家文摘	5 244	400
		市场报	1 068	100
		故事会	69	50
		新华社	13 788	900
		读书	7 167	400
		读者	4 474	400
		青年文摘	70	40
	文学	—	15 145	1 700
	电视电影	文艺	1 189	100
		非文艺	876	400
	相声小品	—	240	40
	网络语料	—	3 996	200

续表

二级分类	三级分类	四级分类	语料数量	抽取数量
当代	翻译作品	应用文	2 399	100
		文学	10 062	1 000
现代	戏剧	—	226	40
	文学	—	2 541	100
总计		—	115 119	10 000

逐一对这 10 000 条语料进行义项标注后发现“苦”字用在人名、地名及其他专用名词中共计 94 条，占 0.94%，例如，“李苦禅”“苦根”“大苦湖”“苦县”“苦竹村”“苦迭打”等；另有“苦”为错字的语料共计 10 条，占 0.1%，例如，“*假苦（假若）”“*固苦金汤（固若金汤）”等，这一类语料中对于我们研究“苦”字的义项划分和描写意义不大，均为无效语料，本书暂时忽略，不加讨论。后文中，对“苦”字的义项分布统计，均以 10 000 条语料为计算范本。

二、形容词“苦”义项分布情况的描写

（一）“苦”在《现汉》中的义项分布

1. 形像胆汁和黄连的味道（跟“甘”“甜”相对）：～胆|这药～极了。

该义项在“苦”字平衡语料库中共有 523 条，使用频率约为 5.23%。

许慎《说文解字》中“苦”的释义为“大苦，苓也。从艸，古聲。康杜切”。“苦”本义指某种带有苦味的植物，苦味是人们对“苦”这种带有苦味植物的味觉体验。随着语言的发展，“苦”逐渐由原来特指的某种苦味植物，抽象为表示像胆汁或黄连的一种味道。《现汉》中该义项采用“主体论元+物性角色”的释义模式，凸显“苦”的形式角色。“味道”在《现汉》中释义主要有两个：一是物质所具有的能使舌头得到某种味觉的特性，如味道、滋

味等；二是指气味。通常人们品尝食物时所产生的味觉其实是由味觉和嗅觉相结合而形成的某些滋味。《牛高》中对应词“bitter”该义项释义为“Having a sharp，pungent taste or smell：not sweet.（强烈刺激的味道或气味，非甜味）”由此可见，该义项中“苦”作为基本味觉之一，既包括表示味觉的滋味，也包括表示嗅觉的气味。整理语料发现，表示嗅觉气味的语料有5条，为了体现义项描写的准确性，建议将该义项在配例中体现。综上，将原有义项补充修改为以下新义项。

形像胆汁和黄连的味道（跟“甘”“甜”相对）：～胆|这药～极了|清～的菊花芳香。

例句如下。

① 中医认为，玫瑰花味甘微［苦］、性温，有许多功效。（当代\网络语料\网页）

② 我坐在木椅上，木椅有点湿涩，清［苦］的菊花芳香如一味药。（当代\文学\严歌苓 人寰）

③ 那碗里是黑糊糊的、带着刺儿的曲曲菜，菜叶里边拌着些粮食粒儿，发出一股子［苦］涩的气味。（当代\文学\浩然 艳阳天）

2. 形难受；痛苦：～笑|艰～|愁眉～脸|～日子过去了|～尽甘来。

该义项中的“苦”是一个性质形容词，反映人们对人或事物的主观评价和情感色彩，用来修饰人或物，《现汉》中采用了以词释词，组合对释的释义方式，突出“苦”的评价角色。查询“难受”在《现汉》中释义为“身体不舒服”；“痛苦”在《现汉》中释义为“身体或精神感到非常难受”。用“难受”“痛苦”组合对释在语义上出现了重复和冲突，这样的释义自然会影响词典用户对被释词的理解和运用。学习词典关键是要告诉学生如何区分和使用词语，而大量的同义对释会抹杀词义的个性特点，混淆词的所指内容，无法向读者提供准确的语义信息。同时，形容词性义项的产生与主体论元的变化有着密切的关系，因此，根据形容词“主体论元+物性角色”的释义原则，

当主体论元发生变化，即“物”变了，其属性也会相应地发生变化，这时形容词就有可能产生新的义项。因此，根据“苦”字主体论元的变化，从物和人的不同角度归类将该条义项重新描写为以下 3 条新义项。

（1）形形容人感到不愉快、难过、烦恼。～闷|～恼|～笑|愁眉～脸|何～|～叹|两手～～地一撒

该义项在“苦”字平衡语料库中共有 1 471 条，使用频率约为 14.71%。

“苦”的主体论元指向人物，修饰的是人物的精神感受，强调的是形式修饰关系。结合语料，被修饰的常常是表示心理的抽象名词，如“内心”“心情”“心头”“精神”“情绪”“情怀”“记忆”等。常见的复字词有“苦闷”“苦恼”“愁苦”“苦衷”“何苦”“苦情”等。

例句如下。

① 她痴痴地站在那里，心里也不知是甜？是酸？还是［苦］？（当代\史传\宋氏家族全传）

② 这幕什么时候才撤净呢？我们［苦］恼着。（现代\文学\散文\季羡林 年）

③ 姑娘向他诉说了心中的［苦］衷。（当代\应用文\自然科学\中国儿童百科全书）

李强提到“因为人本身只能表现外在的、可直接观察到的高矮胖瘦等特征，而内在的一些特征如温和、热情等是不容易被观察到的，它们必须通过一定的行为态度展现出来。”当人物沉溺于不愉快、苦恼的心理状态中时，这种不快的情绪常会有意识或无意识地在人物的表情流露和显现。当被修饰对象强调人物表情时，结合语料，被修饰的名词常包括“神色、眼睛、嘴、脸、眼泪、眉毛、目光、眼神”等词语，常见的复字词包括“苦笑”“愁眉苦脸”“苦着脸”“苦相”等。

例句如下。

① 他说话的声音很轻，又很重，眼睛［苦］［苦］的。（当代\文学\严歌

苓 第九个寡妇）

② 然而他拭不尽母亲的［苦］泪，竟也流下泪来。（当代\史传\窦应泰 李嘉诚家族传）

③“要我怎样才能解除你们的误会呢？”大佐说，眉间出现一点儿［苦］楚。（当代\文学\严歌苓 金陵十三钗）

难过、苦恼的情绪不仅会在人物的五官和表情中自然展现，也常常会下意识地随着人物的声音与动作凸显，当被修饰对象强调表示人物心理活动外显时的声音和动作时，结合语料，被修饰的对象通常会出现“说出”“唱着”“想起”“大叫”“呻吟”“呓语”“声音”等词语，常见的复字词如“尖苦”“干苦”“苦叹”“哀苦”。

例句如下。

① 可是没有一个能唱得像娟娟那般悲［苦］，一声声，竟好像是在诉冤似的。（当代\文学\白先勇短篇小说集）

② 声音里漏出了一点痛［苦］来。我想他说的不一定是真话。（现代\文学\巴金散文 1）

③ 她身体往下垮，两手［苦苦］地一撒，意思是：好吧，你就闹吧。（当代\文学\严歌苓 花儿与少年）

（2）形形容过度劳作或生病时人在身体和精神上感到非常不舒服：劳～|～工|刻～|勤～|含辛茹～

该义项在“苦”字平衡语料库中共有 5 155 条，使用频率约为 51.55%。《牛高》中对应词“bitter”对该义项释义为“Causing pain or unhappiness（造成痛苦或不快乐）”。“pain（痛苦）”在《牛高》中释义为“The feelings that you have in your body when you have been hurt or when you are ill（当你受伤或生病时身体里的感觉）”，该释义方式凸显了“苦”形式角色和施成角色，强调了这是一种生理和心理上的综合感受。过度的劳作、外界的伤害、某些疾病等原因会给人带来生理上的劳累，这种生理上的折磨同时会给人带来心理上的痛苦，这种生理和心理的综合感受往往表现为辛苦的、艰辛的、劳累的身体和精神状态，通常是指人在不好的现实境遇中复杂的生理和心理感受。结合语料，常见的复字词包括“劳苦”“苦工”“刻苦”“勤苦”“含辛茹苦”等。所以在描写义项时既要指明施成角色，也要指明形式角色，我们将其描述为“形容过度劳作或生病时人在身体和精神上感到非常不舒服”。

例句如下。

① 画家通过人物的动态和朴素的衣着，反映出她们生活的艰［苦］，真是“汗滴禾下土，粒粒皆辛［苦］”。（当代\应用文\自然科学\中国儿童百科全书）

② 减轻癌症患者的症状，增加食欲，缩小肿块，对晚期病人有明显减轻痛［苦］的作用。（当代\应用文\健康养生\温长路 俗言俚语话养生）

③ 女人痛［苦］地呻吟着，双目紧闭，脸上的汗珠慢慢从苍白的脸上滑落下去。（当代\报刊\作家文摘\1994）

（3）形 形容客观物质或经济条件处于匮乏状态：寒～|贫～|清～|穷～|疾～|瘠～

该义项在“苦”字平衡语料库中共有 490 条，使用频率约为 4.9%。

当主体论元指向客观物质条件或经济条件时，此时的“苦”凸显了修饰对象形式角色中的抽象属性，意指物质或经济条件的匮乏。结合语料，此时的被修饰的名词通常为“环境”“饮食”“生活”“出身”“地理”“路况”“民生”等，出现次数较多的多音节词如“寒苦”“贫苦”“清苦”“穷苦”“疾苦”“瘠苦”等。因此我们运用“主体论元+形式角色”将其描述为“客观物质或经济条件处于匮乏状态”。

例句如下。

① 那山东比较［苦］不是，没办法就奔东三省，奔北京来谋生。（当代\口语\1982 年北京话调查资料）

② 他们都是寒［苦］出身，空手打下天下的人！（现代\文学\老舍 四世同堂）

③ 曹宅的饭食不［苦］，而且决不给下人臭东西吃。（现代\文学\老舍长篇 1）

3. 动使痛苦；使难受：一家五口都仗着他养活，可～了他了。

该义项在“苦”字平衡语料库中共有 170 条，使用频率约为 1.7%。

在分析整理语料时我们发现，该义项通常以“苦（了）+受事论元”的模式出现，其中“苦”突出指向的是受事论元，所以在描写义项时要指明受事论元，通过整理语料可知，受事论元除了如“苦了游客”“苦了棉农”“苦了孩子”等指向人物的以外，还有“苦了局机关”“苦肉计”“苦了医院”等指向事物的受事论元，显然，《现汉》已有的义项并没有注意到这一点。因此，我们按照形容词释义具有单一性特点，即一个物性角色修饰一个对象，我们可以将“指事物”或是“指人”的对象区分开来。综上，我们将《现汉》中原有的义项加入施成角色和受事论元后重新描写为以下 2 条新义项。

（1）动由于某些外在原因使人在身体和精神上承受更多的压力：一家五口都仗着他养活，可～了他了。

例句如下。

① 增颜他耍了这么多年钱，不但没耍出什么名堂来，还［苦］了你们娘们儿。（当代\报刊\1994 年报刊精选）

② 结果是“火”了市场，累了家长，［苦］了孩子，扰乱了正常的教育教学秩序。（当代\网络语料\网页\C000020）

（2）动由于某些外在原因使事物受到不良的影响或损耗：粮价放开，可～了粮食企业。

例句如下。

① 太［苦］了那两只脚了，从新开岭战斗前个把月就不停地走。（当代\文学\张正隆）

② 粮价放开，［苦］了粮食企业。（当代\报刊\人民日报\1993 年人民日报\6 月）

4. 苦于：～旱|～夏。

该义项在“苦”字平衡语料库中共有 146 条，使用频率约为 1.46%。

根据语料发现，该义项通常以“苦（于）+非必有论元”的模式出现，其中非必有论元突出指向的是施成角色，常见的复字词包括“苦于”“苦寒”“苦雨”“苦旱”“苦雾”等。《现汉》中该义项的描写运用以词释词的释义方式，以词释词往往容易造成循环释义的现象，而循环释义的缺陷是容易堆砌词语，给人模棱两可的感觉，使人对词义的理解难以把握，不宜提倡。并且释义的词“苦于”比被释词“苦”更难让人理解，以词释词最基本的原则就是用来解释的词一定要比被释词的词义更浅显易懂，这样才能达到释义的目的。因此，为了凸显施成角色，将原有的义项用描述的释义方法重新描写为以下新义项。

因为某种特定情况而感到不快：～旱|～夏|～寒|～雨|～于

例句如下。

① 海外科学家来访，往往［苦］于找不到可以交流心得的对手、同行。（当代\报刊\读书\vol-053）

② 看一漂亮 MM，［苦］无搭讪办法，路旁一砖头，捡起，上前，同学，这是你掉的吧？（当代\网络语料\网络经典语录）

5. 副 有耐心地；尽力地。

该义项在所建“苦”字平衡语料库中共有 864 条，使用频率约为 8.64%。

副词的主要作用是修饰动词或形容词性词语，因此副词性义项的变化常与所修饰的动词或形容词性词语的属性有关系。“苦”的该副词性义项用于描述人们做事情的程度，相当于“耐心地、竭尽全力地、努力地”。常见复字词包括“苦口婆心”“苦心”“苦劝”“苦谏”“苦思”等。“苦口”“苦心”中名词“口”动词化为“劝说”，名词“心”动词化为“用心”。通过整理语料库发现，其中有 40 条语料，例如，“（打麻将）别把她赢得太苦”“可把你惦记苦了”“（你）把人得罪苦了”“苦恨”“苦饿”“苦害”中的“苦”字却不能用“耐心地、竭尽全力地、努力地”代入释义，显然，《现汉》已有的义项释义不够准确全面。该义项“苦”字均是在动词或形容词前后出现，用来修饰动作或状态的程度，因此描写义项时可适当地突出语法功能。综上，将该条义项重新描写为以下新义项。

[副]通常在动词或形容词的前后出现，表示程度深：～口婆心|～心|～劝|～谏|～思。

例句如下。

① 杨虎城和张学良多次向蒋介石［苦］谏，要求联共抗日，遭到严厉训斥。（当代\应用文\自然科学\中国儿童百科全书）

② 阿森纳队境况不佳，需一直为冠军联赛资格［苦］［苦］挣扎。（当代\网络语料\网页\C000014）

③ 三年多还不能去接他们，可真把你惦记［苦］了。（现代\文学\散文3\朱自清）

6.〈方〉形容除去得太多；损耗太过：如指甲剪得太～了，不能修理了。

该义项在“苦”字平衡语料库中共 0 条语料，使用频率约为 0%，在此不做过多讨论。

（二）通过语料库发现的“苦”字新义项分布

通过对所收集语料进行分析，我们发现还有 1 077 条约占 10.77%的“苦”字语料无法用《现汉》中已有的义项加以说明，据此，我们认为应该为现代汉语“苦”字释义增加 1 个新义项：

[名]难以忍受的境况：诉～|吃～|叫～|受～|吃了整整三年的～|诉了一通～。

该义项在“苦”字平衡语料库中共 1 077 条语料，使用频率约为 10.77%。《现汉》原有的义项中并没有描写这一义项，我们参考了《现学》中的

“苦”字义项⑦的释义：“[名]苦头；磨难：要不是你，我们准会吃不少苦。”依据语料分析发现，“苦”字该义项为名词，“吃了整整三年的苦”“诉了一通苦”涉及名词的单位角色，“三年”“一通”凸显了名词所指事物的计量单位，该义项还强调突出名词的处置角色，通常都与“苦”组合为双音节词，如“诉苦”“吃苦”“叫苦”“受苦”等，此时，“吃”的含义已被虚化，应理解为“承受”。换言之，“吃苦”不再表示为“吃味道苦的东西”，而应理解为“承受难以忍受的境况”。

例句如下。

① 小娅秉承父亲的倔脾气，肯吃[苦]。(当代\报刊\1994年报刊精选\11)

② “这……这……”周至柔有些难言之[苦]，但眼下，他只得逢场作戏。(当代\史传\宋氏家族全传)

③ 她向爸爸诉了一通[苦]，可是爸爸没答碴儿。他不想为这么件小事犯口舌。(现代\文学\老舍长篇2)

三、小结

综上，对“苦”字在现代汉语中的义项重新划分和描写，归结了10个“苦”字义项，具体见表8-2。

表8-2　“苦”字各义项整理

《现汉》释义	重新划分和描写后释义
①[形]像胆汁和黄连的味道：～胆|这药～极了	①[形]像胆汁和黄连的味道：～胆|这药～极了|清～的菊花芳香
②[形]难受；痛苦：～笑|艰～|愁眉～脸|～日子过去了|～尽甘来	②[形]形容人在心理上感到不愉快、难过、烦恼：～闷|～恼|～笑|愁眉～脸何～|～叹|两手～～地一撒
	③[形]由于过度劳作或生病时人在身体和精神上感到非常不舒服：劳～|～工|刻～|勤～|含辛茹～
	④[形]形容客观物质或经济条件处于匮乏状态：寒～|贫～|清～|穷～|疾～|瘠～

续表

《现汉》释义	重新划分和描写后释义
③ 动 使痛苦；使难受：一家五口都仗着他养活，可～了他了	⑤ 动 由于某些外在原因使人在身体和精神上承受更多的压力：一家五口都仗着他养活，可～了他了
	⑥ 动 由于某些外在原因使事物受到不良的影响或损耗：粮价放开，可～了粮食企业
④ 苦于：～旱|～夏	⑦ 因为某种特定情况而感到不快：～旱|～夏|～寒|～雨|～于
⑤ 副 有耐心地；尽力地：～劝|～干|～思|勤学～练	⑧ 副 通常在动词或形容词的前后出现，表示程度深：～口婆心|～心|～劝|～谏|～思
⑥〈方〉形除去得太多；损耗太过：如指甲剪得太～了，不能修理了	⑨〈方〉形除去得太多；损耗太过：如指甲剪得～了，不能修理了
	⑩ 名 难以忍受的情况、境地：诉～|吃～|叫～|受～|吃了整整三年的～|诉了一通～

第二节 “甜”字义项划分及描写

一、建立“甜”字平衡语料库并进行标注

根据《现代汉语频率词典》数据，“甜”的频率是 0.003 65，使用度是 37，词次是 48。本书从北京大学现代汉语语料库（CCL 语料库）中下载了 34 类“甜”字现代汉语语料，共计 14 143 条约 132 万字。针对不同时间段语料进行分阶段按比例抽取，共获得“甜”字 10 000 条约 90 万字语料建立“甜”字平衡语料库。本书抽取的语料在 CCL 语料库中具体分布情况见表 8-3。

表 8-3 “甜”平衡语料库分类抽样表

二级分类	三级分类	四级分类	语料数量	抽取数量
当代	CWAC	—	27	26
	口语	1982 年北京话调查资料	2	2
		对话	17	15
		电视访谈	23	23

续表

二级分类	三级分类	四级分类	语料数量	抽取数量
当代	史传	—	107	85
	应用文	中国政府白皮书	3	3
		健康养生	219	169
		社会科学	80	80
		自然科学	89	89
		药方	42	40
		菜谱	985	300
		议论文	13	10
		词典	236	236
		说明书	2	2
	报刊	1994 年报刊精选	1 005	605
		人民日报	2 708	1 708
		作家文摘	522	400
		市场报	552	400
		故事会	13	10
		新华社	1 833	1 233
		读书	350	350
		读者	763	713
		青年文摘	3	3
	文学	—	2 043	1 512
	电视电影	文艺	99	99
		非文艺	54	54
	相声小品	—	63	63
	网络语料	—	663	563
	翻译作品	文学	1 112	712
		应用文	121	121
现代	戏剧	—	21	21
	文学	—	373	353
总计		—	14 143	10 000

逐一对这 10 000 条语料进行义项标注，发现“甜”字用在人名、地名及其他专用名词中共计 639 条，占 6.39%，例如，“孙甜甜”“甜水园”“甜鸟”“阿斯巴甜”“甜白”“甜俗”，另有错别字或因上下文残缺无法确定语义的语料共计 6 条，占 0.06%，例如，“甜吃”“甜杀人”，这一类语料中对于我们研究“甜”字的义项划分和描写意义不大，本书暂时忽略，不作讨论。下文中，对“甜”字的义项分布统计，均以此 10 000 条语料为计算范本。

二、情状类形容词“甜”义项分布情况的描写

（一）“甜”在《现汉》（社科院词典编辑室，2016）中的义项分布

1. 形像糖和蜜的味道（跟“苦”相对）：这西瓜真～。

该义项在“甜”字平衡语料库中共有 4 019 条，使用频率约 40.19%。

“甜”是一个会意字，最早出现在《说文解字》中：“从甘从舌。舌，知甘者。”意为舌头能品尝甘的味道（甜味）。“甘”是一个会意兼指示字，《说文解字》中对“甘”的释义为“甘，从口含一”。“从口”，意为与口有关，“含一”，中间的“一横”像口中含的食物，能够让人一直含在口中的食物往往是甜美的。由此可见，“甜”的本义是指舌头得到的某种具体的、美好的味觉体验。“甜”在《现汉》释义中凸显了主体论元“味道”和形式角色“像糖和蜜”。整理语料发现，常见的复字词包括“甜食”“甜点”“甜羹”“甜品”“甜瓜”“甘甜”“香甜”“酸甜”“脆甜”等，

例句如下。

① 顺手就含在嘴里，顿时就感到满口香［甜］，咕噜一下，就咽到肚里。（当代\史传\李文澄 努尔哈赤）

② 给了夏天义一个，夏天义说：“柿子还没熟哩，能暖［甜］？”（\当代\文学\贾平凹 秦腔）

③ 酸枣汁以安神益智、酸［甜］可口的风味，勾起了许多成年人的童年

梦。(\当代\报刊\人民日报\1994年人民日报\第2季度)

在“甜食”“甜点”“甜羹”“甜品”“甜瓜”这些“甜+名词”构成的复合词中，“甜”实际修饰的是这些名词“食物、点心、瓜”的“味道”，而不是直接修饰这些名词。隐含的“味道”是被修饰名词的形式角色，因此在语义建构中需要补出来。“味”在《现汉》中释义主要包括两个：一是物质所具有的能使舌头得到某种味觉的特性，如味道、滋味儿；二是指物质所具有的能使鼻子得到某种嗅觉的特性，如气味、香味儿。可知，“甜”作为基本味觉之一，不仅包括表示味觉的滋味，还包括表示嗅觉的气味。《牛高》和《朗高》中对应词“sweet（甜）”的该义项都释义为“Having a pleasant smell（有宜人的气味）”。点明了“甜”的主体论元“气味”和形式角色“宜人”。“smell”在《牛高》中释义为“The quality of something that people and animals sense through their noses（人和动物通过鼻子感觉到的东西的味儿）”。表示气味的“甜”字义项在“甜”字平衡语料库中共有311条，因此，借鉴英语词典的释义，建议将该义项根据“甜”字主体论元的变化，从味觉和嗅觉两个不同角度归类描写，建议在原有义项的基础上再重新增加以下1条新义项。

形形容气味芳香、好闻：～香|腥～|清～的气味。

通过整理语料发现，该义项主体论元通常指向“空气”“气味”“气息”“香气”“芳香”“芬芳”等，常见的复字词有“清甜”“甜香”“香甜”“腥甜”“甜腻”“甜隽”“甜净”“焦甜”，“甜”修饰的是“空气”“气味”等的“味道（在嗅觉体验中的特征）”，属于形式角色。

例句如下。

① 走进大森林里，空气开始变得清香而带[甜]味。(当代\报刊\人民日报\1993年人民日报\11月)

② 鼾声带着微妙的气味，微微的酸[甜]。(当代\文学\严歌苓 穗子物语)

③ 这些虽非[甜]美，却能强烈地刺激我的鼻观，使我有愉快的倦怠之感。(现代\文学\散文3)

2. 形形容乖巧，讨人喜欢：嘴～|小姑娘长得很～|话说得很～。

《现汉》中，“乖巧”意为（言行等）合人心意，讨人喜欢；用“乖巧”“讨人喜欢”两个词语组合对释，导致了释义的重复。张志毅及张庆云认为“解释应当是寓于描写之中的，正确的解释应当是对语言事实的深度描写”。总体来看，形容词“甜”实质上是可以激活不同主体论元的不同物性角色，形容词与名词之间的物性修饰关系不同，形容词就产生了多义现象。结合语料，例如，“嘴甜”中的“甜”，指的是“善于说话，语言和顺温柔，使人听了舒服”，“甜”实际修饰的是“嘴”里说出来的“语言”，而不是“嘴”，隐含的“语言”是主体论元“嘴”的功能角色。当“甜”的主体论元指向“外界的声音”时，“甜”是认知主体在听觉体验的基础上对外界声音的主观评价，例如，“甜美的歌声”，“甜”指的是“声音圆润悦耳”，表达人们对声音的主观评价和情感色彩，凸显了其评价角色。当“甜”的主体论元指向人或具体事物时，例如，“小姑娘长得很甜”“甜蜜的小东西”，“甜”并非直接修饰“小姑娘”和“小东西”，实际修饰的是她（它）的“容貌”和“外形”，意思指“（小姑娘的）容貌或（小东西的）外形”很“可爱，让人看了着迷”，凸显了被修饰对象的评价角色。因此，根据“甜”字主体论元变化和所激活的物性角色的不同，将该条义项重新分类描写为以下 3 条新的义项。

（1）形声音圆润婉转，讨人喜欢：～厚|～润|～糯|歌声～美。

该义项在“甜”字平语料库中共有 451 条，使用频率约为 4.51%。

该义项在《牛高》中的对应释义为“Having a pleasant sound（发出悦耳的声音）”，凸显主体论元“sound”和评价角色“pleasant”。在《朗高》中的对应释义是“Pleasant to listen to（动听）”，同样也强调了评价角色“pleasant”。结合语料，“甜”的主体论元通常指向声音，修饰说话或者唱歌的声音或腔调圆润婉转，让人听了非常舒服。被修饰的名词通常是“唱腔”“嗓子”“声音”“歌声”“歌喉”“旋律”“嗓音”等词语，常见的复字词包括“甜美”“甜润”“甜糯”“甜厚”。

例句如下。

① 杨钰莹凭借其［甜］美的歌声，搭配上毛宁俊朗的外形，两人很快被打造成风靡一时的歌坛搭档。（\当代\口语\电视访谈\鲁豫有约 红伶）

② 大家都听过他的清亮［甜］厚的嗓子，可是大家都诧异他这几句话怎么说得这么深厚，这么雄壮。（当代\文学\欧阳山 苦斗）

③［甜］糯的苏州话，是给上海诉说爱的，连恨都能说成爱。（当代\文学\王安忆 长恨歌）

（2）形语言和顺、让人听了舒服：嘴～|～歌|～言蜜语|～嘴蜜舌|蜜语～。

该义项在“甜”字平语料库中共有 438 条，使用频率约为 4.38%。

该义项“甜”字主体论元通常指向语言表达的内容，结合语料，被修饰的名词包括是“嘴巴”“话语”“诗篇”“祝福”“歌颂”等，“甜”并不是直接修饰名词本身所表示的事物，而是其功用。常见的复字词如“嘴甜”“甜言蜜语”“甜嘴蜜舌”“蜜语甜甜”“甜歌”等。

例句如下。

① 听听，多［甜］蜜的话语。［甜］得让人陶醉，［甜］得客人再不好意思叫这叫那。（\当代\报刊\人民日报\2000 年人民日报）

② 嘴里说得［甜］［甜］的，又有什么用？（\当代\文学\金庸 倚天屠龙记）

③ 杨钰莹依然会唱着那些［甜］蜜的歌，希望她的生活也和她的歌儿一样，单纯而幸福。（\当代\口语\电视访谈\鲁豫有约 红伶）

（3）形（人或事物）外形可爱，让人看了着迷：～美|～妞|～笑|小姑娘长得真～。

该义项在“甜”字平语料库中共有 573 条，使用频率约为 5.73%。

当主体论元是人物外表以及表情时，“甜”往往指“外形或表情漂亮，有吸引力”，英语对应词“sweet”该义项在《朗高》中对应释义为“Children/small things（especially British English）looking pretty and attractive（儿童或小东西，看起来很漂亮很有吸引力）”。在《牛高》中的对应释义为“especially of children or small things. Attractive（尤指儿童或小东西，吸引人的）”。两部英语词典释义都点明主体论元“儿童或小东西”，凸显人或事物的外部状态“漂亮”，属于形式角色，以及评价角色“很有吸引力”。结合语料，被修饰的对象除了“少女”“面孔”“表情”“容貌”“酒窝”“眼神”等表示外表及表情的表示人物的名词以外，也出现了类似“风景”“小东西”“小狐狸”等表示事物的名词。

例句如下。

① 她，圆圆的脸儿，[甜][甜]的酒窝，刘海齐眉，杏眼传情。（当代\报刊\作家文摘\1997C）

② 这位[甜]蜜的少妇，已摆脱了早年的微胖，显得更加窈窕动人。（当代\报刊\读者\合订本）

③ [甜]蜜的东西看得太久了也会厌烦，真的好景都该这样一瞬即逝，永不重现。（现代\文学\散文）

④ 新专辑改变了她的旧形象，[甜]姐变得有些苦涩。（当代\报刊\人民日报\1993年人民日报\8月）

3. 形 形容舒适、愉快：他睡得真～。

英语对应词“sweet”该义项在《朗高》中的释义为“Thoughts/emotions making you feel pleased，happy，and satisfied（让您感到高兴、快乐和满足的想法/情绪）”。该释义凸显了主体论元“thoughts/emotions（想法/情绪）”和 形式角色“pleased，happy and satisfied”，强调了这是一种心理上的愉悦感受。通过分析语料时发现，“甜”的主体论元通常是“心情”“回忆”“情感”“事业”“岁月”“爱情”“生活”“日子”等抽象名词，指向心理域，比喻人在精神上的幸福、满足的感觉，常见的复字词有“甜吻”“虽苦犹甜”“酸甜苦辣”“忆苦思甜”等。

但当“甜”的主体论元指向“梦境”“梦乡”“呼噜”时，“甜”则形容睡得非常舒适、愉快，常见的复字词有“甜睡”“甜梦”“黑甜乡”等。显然，《现汉》已有的义项将两者混为一谈。因此，我们参照《现学》中相关释义，按照形容词释义具有单一性特点，即一个物性角色修饰一个主体论元的原则，可以将“指睡眠”或是“指情绪”两种形式角色区分开来，把《现汉》原有义项重新描写为以下 2 条新义项。

（1）形心情舒适、愉快：忆苦思～|日子越过越～|我们的生活比蜜～。

该义项在“甜”字平衡语料库中共有 2 424 条，使用频率约为 24.24%。

例句如下。

① 就能想起许许多多的［甜］故事、苦故事、酸故事、辣故事……（当代\报刊\人民日报\1994 年人民日报\第 2 季度）

② 那些美丽、［甜］蜜的日子，现在已成了逝去的回忆。（当代\翻译作品\应用文\人性的弱点）

（2）形睡得舒适的样子：～睡|～梦|黑～乡|他睡得真～。

该义项在“甜”字平衡语料库中共有 265 条，使用频率约为 2.65%。

例句如下。

① 像在自己家里一样，伸手摸出火柴，点亮灯，看了看炕上睡得正香［甜］的孩子。（\当代\文学\李英儒 野火春风斗古城）

② 没了？活灵活现又一路乖乖［甜］睡的女儿就这样一下子没了？（\当代\报刊\作家文摘\1996\1996B）

4.〈方〉味淡：尝尝咸～|咸了加水，～了加盐。

该义项在“甜”字平衡语料库中共 0 条语料，使用频率约为 0%，此处不做过多讨论。

（二）通过语料库发现“甜”字新义项分布

通过对所收集语料进行分析，我们发现还有 1 117 条约占 11.17%的“甜”

字语料无法用《现汉》中已有的义项加以说明，因此我们拟为“甜”设立以下 2 个新义项。

1. 动使人心里感到幸福、快乐：～了民众|～到心里头|～了千家万户。

该义项在“甜”字平衡语料库中共 49 条语料，使用频率约为 0.49%。

《现汉》原有的义项中并没有描写这一义项。在分析整理语料时我们发现，“甜透心”“甜在心里”“甜到我心里”，以“甜（到、在）+非必有论元”的模式出现，其中“甜”突出指向的是非必有论元中的处所论元。例如，“苦了一人，甜了民众”“甜了千家万户”，以“甜（了）+受事论元”模式出现，“甜”字该义项为动词，突出指向受事论元（通常指人），所以在描写义项时既要指明处所论元，也要指明受事论元，将其描述为：“使人心里感到幸福、快乐。”

例句如下。

① 特别是她那一声声“爸爸”“妈妈”的呼叫，真是使吴兰恩夫妇［甜］到心里头。（当代\报刊\人民日报\1996 年人民日报\7 月）

② “甜蜜事业”［甜］了千家，惠及万户，全省农户获得的人均年收入远远超出他们的预期。（当代\报刊\1994 年报刊精选\09）

2. 形有利益的、有好处的：～头|～差|～买卖

整理“甜”字语料库发现，“甜头”一词在语料中频繁出现，《现汉》中“甜头”一词有两个意思。① 微甜的味道；一点儿甜味（跟“苦头”相对）（例：这种梨～头不大）。② 比喻利益或好处（跟“苦头”相对）（例：尝到了科学种田的～头）。“甜头①”中“甜”字释义可以归入本书“甜”字义项划分与描写①中，本义项主要针对“甜头②”，发现《现汉》中现有的 4 个义项都不足以解释描写“甜头②”中“甜”的释义。结合《现汉》“甜头②”的解释“比喻利益或好处”及“头”的释义“接于形容词词根，多表示抽象事物（例：准头，甜头）”可知，“头”作为形容词后缀，用在形容词语素后面，“词

根语素+词缀”构成派生词。这一类派生词词性为名词，其词义一般与该形容词语素义相同。因此，我们可以从“甜头”这个派生词的意义入手分析出“甜”的意义为“比喻利益或好处”。我们建议将其描述为：“形有利益的、有好处的。”

该义项在“甜”字平衡语料库中共 1 068 条语料，使用频率约为 10.68%。例句如下。

① 先投入好料给消费者以［甜］头、从而吸引众多的消费者纷纷购买。（文件名：\当代\报刊\1994 年报刊精选\08）

② 这是咱们二〇三首长派了我个“［甜］差”呀！你们可没享受着！”（当代\文学\曲波 林海雪原）

③ 十五个大铜子儿已经算是［甜］买卖，他一边拉着人，一边儿喜滋滋地想。（现代\文学\老舍长篇 1）

三、小结

综上，对“甜”字在现代汉语中的义项重新划分和描写，归结了 10 个“甜”字义项，具体见表 8-4。

表 8-4　“甜”字各义项整理

《现汉》释义	重新划分和描写后释义
① 形像糖和蜜的味道（跟“苦”相对）：这西瓜真～	① 形像糖和蜜的味道（跟“苦”相对）：～食|～点|香～|酸～|脆～|这西瓜真～
	② 形气味芳香、好闻：～香|腥～|清～的气味
② 形形容乖巧，讨人喜欢：嘴～| 小姑娘长得很～| 话说得很～	③ 形语言和顺、让人舒服：嘴～|～歌|～言蜜语|～嘴蜜舌|蜜语～
	④ 形声音圆润婉转，讨人喜欢：～厚|～润|～糯|歌声～美
	⑤ 形外形可爱，让人着迷：～美|～妞|～笑|小姑娘长得真～
③ 形形容舒适、愉快：他睡得真～	⑥ 形睡得舒适的样子：～睡|～梦|黑～乡|他睡得真～
	⑦ 形人在心理上感到幸福、快乐：忆苦思～|日子越过越～|我们的生活比蜜～

续表

《现汉》释义	重新划分和描写后释义
④〈方〉味淡：尝尝咸～| 咸了加水，～了加盐	⑧〈方〉味淡：尝尝咸～|咸了加水，～了加盐
	⑨[动]使人感到幸福、快乐。～了民众|～到心里头|～了千家万户
	⑩[形]有利益的、有好处的。～头|～差 |～买卖

第九章　情状类形容词义项划分及描写

第一节　“贫”字义项划分及描写

一、建立“贫”字平衡语料库并进行标注

根据《现代汉语频率词典》“数据，贫”的频率是 0.001 00，使用度是 10，词次是 13。

本书从北京大学现代汉语语料库（CCL 语料库）中下载了 34 类“贫”字现代汉语语料，共计 61 892 条约 598 万字。针对不同时间段语料进行分阶段按比例抽取，共获得“贫”字 10 000 条约 105 万字语料建立“贫”字平衡语料库。“贫”平衡语料库分类抽样具体数量见表 9-1。

表 9-1　“贫”平衡语料库分类抽样表

二级分类	三级分类	四级分类	语料数量	抽取数量
当代	CWAC	—	322	26
	口语	1982 年北京话调查资料	9	2

续表

二级分类	三级分类	四级分类	语料数量	抽取数量
当代	口语	对话	17	15
		电视访谈	3	23
	史传	—	187	85
	应用文	中国政府白皮书	3	3
		健康养生	219	169
		社会科学	80	80
		自然科学	89	89
		药方	42	40
		菜谱	985	300
		议论文	13	10
		词典	236	236
		说明书	22	20
	报刊	1994 年报刊精选	9 148	605
		人民日报	23 474	1 864
		作家文摘	838	400
		市场报	345	345
		故事会	4	4
		新华社	17 118	1 223
		读书	1 804	750
		读者	763	313
		青年文摘	731	219
	文学	—	2 008	1 280
	电视电影	文艺	200	99
		非文艺	205	154
	相声小品	—	48	48
	网络语料	—	1 350	563
	翻译作品	文学	1 112	712
		应用文	868	121
现代	戏剧	—	10	10
	文学	—	310	200
总计		—	61 820	10 000

逐一对这 10 000 条语料进行义项标注，发现其中有共计 172 条约占 1.72%的“贫”字语料涉及“贫”字相关的专有名词，如“马传贫”“贫铀”“贫阿岱”等，另有错别字或上下文残缺无法确定语义的语料共计 16 条，占 0.16%，这一类语料对我们研究“贫”字的义项描写和划分意义不大，在本书中暂时忽略，不作讨论。下文中，对“贫”字的义项分布统计，均以此 10 000 条语料为计算范本。

二、情状类形容词“贫”义项分布情况的描写

（一）“贫”在《现汉》中的义项分布

1. 穷（跟“富”相对）：～农|～民|～苦|～病交加。

该义项共计 9 042 条语料，占据全部语料的 90.42%，使用频率最高。《现汉》中，对“贫”字该义项采用了以词释词的释义方式。我们在《现汉》中搜索“穷”字，发现其相对应的释义为：“形生活贫困，缺少钱财（跟‘富’相对）。”可见，《现汉》对“穷”字使用的是描述性释义。描述性释义能够更好地避免语义上的重复和冲突，加深词典用户对被释词的理解和运用。参照“穷”字该义项的释义模式，可以发现“穷”字释义突出了主体论元“生活”和评价角色“贫困，缺少钱财（跟‘富’相对）”。其中，“主体论元”是指构成完整句子不可缺少的必有论元，且主要用来做主语；“评价角色”作为“物性角色”的一种，是赋予词项关系力的结构化表征。

对照《汉英词典》，“贫”字该义项的英文对应词为“poor”。《牛高》中该对应词“poor”的释义为：“Having very little money; not having enough money for basic needs（缺少钱财；不能满足基本需要）”。《牛高》在释义时，分别抓住了评价角色“having very little money（缺少钱财）”和功用角色“not having enough money for basic needs（不能满足基本需要）”。

根据所标注语料可以发现，“贫”修饰的主体论元常常是“地区”“社会”

“状况”“人口”等，通常指向经济。

例句如下。

① 中国奉行独立自主的和平外交政策，主张世界上所有国家不论大小、富［贫］、强弱，一律平等。（当代\报刊\人民日报\1993年人民日报\10月）

② 他找到一对年老赤［贫］的夫妇。男的差不多瞎了，女的卧病在床。家里只剩下两天用的煤。（当代\报刊\读者\读者合订本）

③《走向壮丽》在剧场响起：“我们追寻你，紧握起手臂，让祖国从清［贫］走向富裕，让世界都瞩目中国的奇迹”——这是“十杰青年”的心愿。（当代\报刊\人民日报\1993年人民日报\10月）

“贫”展现了经济条件“匮乏”的特征，凸显了主体论元的评价角色，常见的复字词有“贫困”“贫富”“贫贱”“贫穷”等。故建议将原有义项重新用描述性的方法修改为以下新义项。

经济条件匮乏（跟“富”相对）：～农|～民|～苦|～病交加。

2. 缺少；不足：～血。

该义项共计624条语料，占全部语料的6.24%，使用频率较高。《现汉》对该义项采用了以词释词、组合对释的释义方式。其中，组合对释是用两个或两个以上的词语进行注释，主要通过释义词的词义之间进行补充或限制，来说明被释词的意义。这种释义方式，作为一种充分利用了人们已有知识、不直接说出词义的内涵的释义方式，停留在表层释义，无法全面深入地揭示被释词的词义特点。

在《现汉》中，“缺少”的释义为“动缺乏（多指人或物数量不够）”，主体论元指向人或物；“不足”的释义为“不满（某个数目）”，这个释义的主体论元是“数目”。再结合所标注语料，我们可以发现“贫”修饰的主体论元往往为“土地”“人”“踢法”“形象思维”等，这些主体论元可以按照具体和抽象的角度归为两类，因为当主体论元发生变化的时候，相关的物性角色也会发生相应的变化。当“贫”修饰的主体论元是具体的人或物时，如

“土地”“人”“青年女子”“太阳”等，“贫”字展现了人或物“数量或质量处于低水平”的特征，凸显了主体论元的形式角色，常见的复字词有“贫林”“贫血”“贫水”等，该类义项在“贫”字语料库中共计 222 条，使用频率约为 4.44%。

例句如下。

① 从江孜回拉萨时，途经 5 000 多米的岗巴拉山口，在这荒芜［贫］瘠，七月仲夏仍显寒冷的地方忽然跑出一群牵着牦牛的孩子。（当代\报刊\新华社\新华社 2001 年 7 月新闻报道）

② 为了工作，她不顾刚刚因［贫］血、早期肺结核等疾病出院不久的虚弱身体，夜以继日地工作。（当代\报刊\1994 年报刊精选\04）

③ 其实，我国是一个［贫］林少林国家。（当代\报刊\1994 年报刊精选\04）

在例句①中，“土地”是具体存在的“物”，“贫”展现了土地“质量处于低水平”的特征；在例句②中，“血”是具体存在的“物”，“贫”展现了血液“数目处于低水平”的特征；在例句③中，“林”是具体存在的“物”，“贫”展现了树木“数量处于低水平”的特征。根据“主体论元+物性角色”释义方法，我们将该义项用描述的方法修改为以下新义项。

（1）人或物等数目或质量处于低水平：～血|～瘠。

当“贫”的主体论元指向抽象事物时，该义项在“贫”字语料库中共计 180 条，使用频率约为 1.8%。在这些语料中，“贫”字修饰的主体论元是抽象存在，如“生活”“踢法”“知识”等，展现了思维或是技能“处于低水平”的特征，凸显了主体论元的评价角色，常见的复字词有“贫乏”等。

例句如下。

① 儿童的这种具体形象思维，是跟儿童知识经验的［贫］乏分不开的，是跟儿童第一信号系统活动占优势分不开的。（当代\CWAC\APM0096）

② 在国外，物质条件虽然比国内好，但精神方面较［贫］乏。我的腰又有伤病（椎间盘脱出），不能适应国外激烈的竞争。（当代\报刊\1994 年报刊

精选\10）

③ 对于一个敏锐的画家和作家，总是善于捕捉人们瞬息万变的眼神和因人而异的语言，离开了这两件事物，恐怕形象思维就会［贫］乏得多了。（当代\报刊\读者\读者合订本）

以上语料中，“知识经验”“精神方面”“形象思维”都是抽象概念，“贫”展现了它们“处于低水平”的特征。根据“主体论元+物性角色”释义原则，建议将该义项描述为以下新义项。

（2）思想或技能处于低水平：～乏。

3. 用于僧道的自称：～僧|～道。

该义项是人称代词，共计 70 条语料，占全部语料的 0.7%，使用频率最低。

例句如下。

① 大师放下茶碗，说：“施主上山并非为了佛理修证，有事不妨道来，［贫］僧虽老学无成，念句‘阿弥陀佛’却还使得。”（当代\电视电影\文艺\豆豆 遥远的救世主 \电视剧《天道》）

② 他慢慢地站起来，凝视着丁鹏：“你知道柳若松是［贫］道的同门？”（当代\文学\古龙 圆月弯刀）

③ 不妨丢开手，那檀香气息的会不会有，居士们也早已眼底雪亮，不待［贫］僧饶舌了。（现代\文学\俞平伯）

4.（Pín）名姓。

该义项在笔者所建立的“贫”字语料库中没有对应语料，占比为 0%。此处不做过多缀述。但该姓氏在浙江萧山、宁夏中卫等地仍有分布，即使拥有者不足千人，仍然具有保留的必要性。

（二）“贫”（方言）在《现汉》中的义项分布

〈方〉形絮叨可厌：这个人嘴真～|你老说那些话，听着怪～的。

“贫”字该形容词义项多用于方言。共计 94 条语料，占全部语料的 0.94%，使用频率次低。《现汉》对该义项采用了以词释词的释义方式。凸显了形式角色“絮叨”和评价角色“可厌”。

例句如下。

① 曹雪芹本人不［贫］，但写各种“后梦”的人可是真够［贫］的。（当代\文学\王晓波）

②“讲用”，究竟是理论的胜利、科学的胜利还是诡辩的胜利乃至耍［贫］嘴的胜利呢？（当代\报刊\读书）

③“行行，我［贫］，可你妈妈特喜欢我这［贫］劲儿，早就希望咱们俩好了，她偷着跟我说过。”（当代\网络语料\《看完没笑？！你绝对够狠！》）

上述例句中的主体论元分别为“曹雪芹本人”“写各种‘后梦’的人”“我”，表面上“贫”修饰的对象指向“人”，但实际指向的是人说出来的“语言”，凸显“语言絮叨，使人听了可厌”的特点，隐含的“语言”是主体论元“人”的功能角色；当“贫”的主体论元指的是人身上的器官，如“嘴”“舌”等的时候，“贫”实际上修饰的也是“嘴”“舌”说出来的“语言”，而不是“嘴”“舌”本身，隐含的“语言”是主体论元“嘴”的功能角色。“贫”字主体论元其实都是指向“语言”，故将原有义项重新用“主体论元+物性角色”的方法描述为以下新义项。

〈方〉形形容语言絮叨，让人听了可厌：这个人嘴真～|你老说那些话，听着怪～的。

三、小结

综上，对“贫”字在现代汉语中的义项重新划分和描写，归结了 6 个“贫”字义项，具体见表 9-2。

表 9-2 “贫”字各义项整理

《现汉》释义	重新划分和描写后释义
① 穷（跟“富”相对）：～农|～民|～苦|～病交加	① 经济条件匮乏（跟“富”相对）：～农|～民|～苦|～病交加
② 缺少；不足：～血	② 人或物等数目或质量处于低水平：～血|～瘠
	③ 思想财富或天赋技能处于低水平：～乏
③ 用于僧道的自称：～僧|～道	④ 用于僧道的自称：～僧|～道
④（Pín）名姓	⑤（Pín）名姓
⑤〈方〉形絮叨可厌：这个人嘴真～|你老说那些话，听着怪～的	⑥〈方〉形形容语言絮叨，让人听了可厌：这个人嘴真～|你老说那些话，听着怪～的

第二节 “安”字义项划分及描写

一、建立“安”字平衡语料库并进行标注

根据《现代汉语频率词典》数据，“安”的频率是 0.004 80，使用度是 49，词次是 1101973。

本书从北京大学现代汉语语料库（CCL 语料库）中下载了 34 类“安”字现代汉语语料，共计 2 773 443 条约 27 554 万字。针对不同时间段语料进行分阶段按比例抽取，共获得“安”字 10 000 条约 105 万字语料建立“安”字平衡语料库。“安”形容词平衡语料库分类抽样具体数量见表 9-3。

表 9-3 “安”形容词平衡语料库分类抽样表

二级分类	三级分类	四级分类	语料数量	抽取数量
当代	CWAC	—	375	27
	口语	1982 年北京话调查资料	922	192
		对话	17 306	153
		电视访谈	23 721	123
	史传	—	37 503	137

续表

二级分类	三级分类	四级分类	语料数量	抽取数量
当代	应用文	中国政府白皮书	775	175
		健康养生	2 153	122
		社会科学	840	280
		自然科学	893	189
		药方	46 122	146
		菜谱	9 800	160
		议论文	1 330	130
		词典	2 357	230
		说明书	2 263	203
	报刊	1994 年报刊精选	91 481	190
		人民日报	23 474	1 234
		作家文摘	8 385	200
		市场报	3 453	145
		故事会	4 510	415
		新华社	17 118	262
		读书	18 041	750
		读者	76 353	1 213
		青年文摘	73 133	219
	文学	—	270 865	1 316
	电视电影	文艺	20 073	156
		非文艺	20 573	154
	相声小品	—	48 676	486
	网络语料	—	13 507	563
	翻译作品	文学	1 112	135
		应用文	8 689	121
现代	戏剧	—	10 694	102
	文学	—	31 084	200
总计		—	2 773 443	10 000

逐一对这 10 000 条语料进行义项标注，发现其中有共计 5 160 条约占

51.6%的“安”字语料涉及“安”字相关的专有名词，如“安南”“安庆”“安徽”“安乃近”“慈安”“西安”等，故重新下载语料，通过标注并剔除所有专有名词以及其他词性语料，建立“安”字形容词语料库。下文中，对“安”字形容词的义项分布统计，均以此10 000条语料为计算范本。

二、情状类形容词“安”在《现汉》中的义项分布

1. 形安定：心神不～｜坐不～，立不稳。

“安”是一个会意字，最早出现在《说文解字》中：“安，静也，从女在宀下。烏寒切。”意为女子在屋内而感到宁静，最早见于甲骨文。《现汉》该义项采用了以词释词的释义方式，这样的释义自然会影响词典用户对被释词的理解和运用。

在“安”字形容词平衡语料库中，该义项共 5 368 条，使用频率约为53.68%，使用频率最高。根据所标注语料发现，当“安”的主体论元指向人，强调的是人的精神感受，被修饰的往往是人的精神状态。突出了“宁静、满足”的特点，凸显了“安”字的评价角色。整理语料发现，常见的复字词有“心安”“不安”“安分”“安乐”“安逸”“安宁”“安生”“安适”“安详”“安闲”等。

在《汉英词典（第三版）》中“安”字该义项的对应词“calm”，在《牛高》中释义为“Not excited，nervous or upset（不激动，不紧张或不安）”。“不激动、不紧张或不安”都指向人的精神状态，是人面对事物所展现的主观情感色彩。由此可见，《牛高》中突出该义项的评价角色，参照英语词典，建议将此义项改写为以下新义项。

形形容人在精神上感到宁静、满足。心神不～｜坐不～，立不稳。

例句如下。

① 他爸爸钢铁厂里当焊匠，俺一家原和农民是弟兄。不叫我前去支援农业社，我在家坐不［安］来立不宁。我保证，孩子睡了放在地头上，他醒了

我驮着宝宝干营生。(当代\报刊\人民日报)

② 教育这些青年的目的，就是训练对资产阶级有用的奴仆，既能替资产阶级创造利润，又不会惊扰资产阶级的［安］宁。(当代\电视电影\文艺\兰晓龙 士兵突击.txt)

③ 见了人儿的时候儿身子端端正正儿的，［安安］详详儿地上前问好，可怜见儿的那个小嘴儿，甚么话儿都会说。(当代\报刊\青年文摘\青年文摘 2003 人物版)

例句①中“坐不安”看似修饰“我”的坐姿，但实际上坐姿的不安是内心不安的外在动作投射，因此，“安”实际指向的是人的内心世界，是人对外界事物的主观感受，凸显了“安”字评价角色。例句②“资产阶级的安宁”的主体论元看似指向抽象名词“资产阶级”，而实际上它也是由许多个体的人构成的群体。因此，例句②中，“安”所修饰的主体论元仍然指向具体对象人，表示人的精神状态平静，凸显评价角色。例句③中的“安”所修饰的小孩的表情，人的表情就是人物精神的外化，“安”依然指向人物的精神世界，点明了孩子内心宁静的特点，体现人的主观感受和情感色彩。

2. 平安；安全（跟“危”相对）：公～｜治～｜转危为～。

在“安”字形容词平衡语料库中，该义项共 4 632 条，使用频率为 46.32%。《现汉》中“平安”释义为“形没有事故，没有危险；平稳；安全”。用“平安”“安全”两个词语组合对释，导致了释义的重复。形容词“安”实质上可以激活不同主体论元的不同物性角色，形名之间的物性修饰关系不同，形容词就产生了多义现象。结合语料，例如，“你家里一切都安好”指的是家里的情况良好，没有危险。在这里“安”是认知主体对目前所处环境的主观的判断，凸显了其评价角色。当“安”的主体论元指向人或物体时，“安”是指被修饰物的外在特征。例如，“书包安然无恙的在他的怀里”，“安”指的是“书包没有受到损伤或缺失”，表达客观事物的外在特征，凸显了形式角色。当“安”的主体论元指向抽象事物（多指话题、行为等）时，凸显了被修饰物“无风险，不冒犯”的特点。例如，“这是一笔安全的投资”，点明了“投资”这个行为无风险的特点。“风险”在《现汉》中的意思是“名可能发生的危险”。是人对事物的一种主观判断，即体现评价角色。因此，根据“安”字主体论元变化和所激活的物性角色的不同，建议将该条义项重新分类描写为以下 3 条新的义项。

（1）形指周围环境良好，没有危险：～好 | 平～。

该义项在“安”字形容词平衡语料库中共有 1 188 条，使用频率为 11.88%。

对照《汉英词典（第三版）》，“安”字该义项的英文对应词为“safe”。在《牛高》中“safe”的释义为“Protected from any danger or harm（不必担心有……的危险）”。《牛高》在释义时抓住了该义项的评价角色“from any danger or harm”。参照英语词典，根据所标注语料发现，“安”字主体论元通常是“处境”“情况”“形式”，指向抽象事物。此时“安”字表现出“不受到危险”的特点，表示是人们对外界环境的一种主观判断，凸显其评价角色。

《现汉》中，对该义项采用了以词释词的释义方式。“平安”在《现汉》中相对应的释义为：“形周围环境良好，没有危险。”“没有危险”是一种人对所发生的事物的主观评价，可见，《现汉》中该义项的释义模式亦凸显了评价角色，并且，《现汉》对“平安”使用的是描述性释义。描述性释义能够更好地避免语义上的重复和冲突，加深词典用户对被释词的理解和运用。根据生成词库理论形容词“主体论元+物性角色”的释义原则，建议将该义项描述为“形指周围环境良好，没有危险。”

例句如下。

① 女孩儿说：“家里很［安］好，我没有别的费心的事，希望明天能有好天气，太阳像火一样热，瓦子容易干。”（现代\文学\俞平伯）

② “我们的敌人美国、泰国和南越是不怕这种对我们的口头支持的。”他强调说，“中国的帮助使我们处于［安］全之中。”（当代\应用文\中国政府白皮书\2004 年中国的国防）

③ 那天接着韩大爷一封家信，据说到省谒见抚宪，极蒙优待。藩台又是同年，当即挂牌饬赴本任。淇县系属中缺，每年输入还可敷衍。现在公私顺利，一切平［安］，不必挂念。（现代\文学\丁玲　莎菲女士的日记）

（2）形人或物未受到损伤、损害或缺失：～然丨～好无损。

该义项在“安”字形容词平衡语料库中共有 3 196 条，使用频率为 31.96%。根据所标注语料发现，当“安”修饰的主体论元指向人或物体时，通常表现出“未受到损伤、损害或缺失”的特点。常见的复字词有“安好无损”“安然无恙”“安然无事”等，对应《牛高》中“safe”的第三项释义“Not harmed，damaged，lost，etc.（未受伤害或未遭损害、未丢失等）”。参考英语字典，建议将该义项重新描写为：“形人或物未受到损伤、损害或缺失。”

例句如下。

① 王国璋从容地又把绳子套好，同志们才继续把炸弹拉到岸边，这时，定时炸弹爆炸了，我们的桥梁却［安］然无恙。望着远远开来的我们的列车，英雄们的兴奋是难以形容的。（当代\报刊\人民日报\1993 年人民日报\10 月）

② 结果，这次柘林水库蓄洪水位最高达到 65.31 米，土坝仍［安］好无损。由于这次汛期调度得当，不仅减轻了水库下游的洪水压力，而且为今年多发电储备了充足的水力资源。（当代\报刊\市场报\市场报 1994 年 A）

③ 敌人的进攻已经进行了四天。每天傍晚，敌人照例忙忙碌碌地搬运着堆满在山上山下的死尸。但我们的二十二个勇士，却个个［安］然无恙。（当代\报刊\新华社\新华社 2001 年 10 月份新闻报道）

（3）形话题、行为等无风险的、不冒犯的：～全。

该义项在“安”字形容词平衡语料库中共有 248 条，使用频率为 2.48%。根据所标注语料发现，当“安”修饰的主体论元指“话题”“行为”等抽象事物时，通常表现出“无风险、不冒犯”的特点。常见的复字词有“安全”等。

《牛高》中对应词“safe”的第五项释义“Not involving much or any risk;

not likely to be wrong or to upset sb（风险小的；无风险的；不大会错的；不致冒犯别人的）”。“risk”“wrong”是一种人对所面临事物的主观判断得出的结论，凸显了评价角色。因此，参照英语词典，建议将该义项修改为：“形 话题、行为等无风险、不冒犯的。”

例句如下。

① 咱们三十年没有打仗，军事反而成为最［安］全的话题，媒体怎么炒作都可以，收视率还特高。（当代\报刊\故事会\故事会 2005）

② 诺贝尔基金会的经济一度十分拮据，因为设立这一基金会的“炸药之父”诺贝尔在遗嘱中规定，基金只能用于［安］全的投资，例如政府债券。（当代\网络语料\博客\中国经营报博客）

③ 根据已知的 AFP 的历史消耗量，可以［安］全地得出结论：AFP 的功能性质不会对人体造成任何毒理性或过敏性影响。（当代\网络语料\中文维基）

三、小结

综上，对“安”字在现代汉语中的义项重新划分和描写，将原有的 2 个“安”字形容词义项归结为以下 4 个义项，具体见表 9-4。

表 9-4 “安”字形容词义项整理

《现汉》释义	重新划分和描写后释义
① 形 安定：心神不～ | 坐不～，立不稳	① 形 形容人精神上感到宁静、满足：心神不～ | 坐不～，立不稳
② 平安、安全（跟“危”相对）：公～ | 治～ | 转危为～	② 形 周围环境良好，没有危险：～好 | 平～
	③ 形 人或物不受到损伤、损害或缺失：～然 | ～好无损 | ～如泰山
	④ 形 话题、行为等无风险的、不冒犯的：～全

第十章　单音节形容词词汇语义解读

第一节　“苦”字形容词义项的衍生和类转

“苦”字词类丰富，涉及动词性、名词性、形词性、副词性四类义项之间的转类，本书尝试运用物性结构理论从共时的角度解释现代汉语“苦”字形容词义项的衍生和类转。

生成词库论指出，形名语义组合实际上是形容词有选择地约束名词物性结构中的某个物性角色值。用物性结构理论分析，形容词是描述该名词成分的属性，表达的是个体或事物固有、恒定的属性，因此，当被修饰的名词成分发生变化，其被激活的物性角色就会相应地发生变化，物性修饰关系不同，形容词也就相应地会产生新的义项。

例如，“苦”字义项①“（食物）像胆汁和黄连的味道”是一种不被人接受、令人排斥的味道，属于形式角色。当“食物”的这种“苦”的味觉属性映射到“人”的情绪范畴时，激活的是“情绪”的评价角色“不愉快、令人烦恼”，于是产生了义项②“形容人感到不愉快、难过、烦恼”。例如，“（他）摆着一张苦脸”“（伍廷芳）苦笑一下”“（李敖）的脸色略显愁苦”。

当“食物”中“苦”的味觉属性映射到“人”的身体和精神范畴时，激活的是“身体和精神”的评价角色“不舒服、不快乐”，于是产生了义项③“由于过度劳作或生病时人在身体和精神上感到非常不舒服”。例如，“（民间生活）是很痛苦的”“（他）被强迫担任这个苦差事”“（父母）辛辛苦苦主要是为了持家和供自己成长”。

当食物“苦”的味觉属性映射到“物质和经济条件”范畴时，激活的是“物质和经济条件”的评价角色“紧缺、不宽裕”，由此产生义项④“形容客观物质或经济条件处于匮乏状态”。如“（伙食）已然很苦”“（他）出身寒苦”“（这笔特别费）是专为救济贫苦人用的”。“苦”字的词义衍生见表 10-1。

表 10-1 “苦”字的词义衍生表

主体论元	义项	举例
1. 食物	①像胆汁和黄连的味道	苦瓜、苦酒
2. 人的情绪	②人感到不愉快、难过、烦恼	苦脸、苦笑
3. 人的身体和精神	③人在身体和精神上感到非常不舒服	痛苦、辛苦
4. 物质和经济条件	④客观物质或经济条件处于匮乏状态	贫苦、出身苦

第二节 从物性结构角度解析形容词“苦”的多义性

“苦+名词性语素”组成的名词中，其意义并非两个语素义的简单叠加。当“苦”激活的是不同名语素的物性角色或同一名语素的不同物性角色时，形名之间呈现不同的物性修饰关系，就会形成形容词（形语素）的多义现象。

当“苦”激活名词性语素的形式角色时，形语素并不是直接修饰名语素本身所表示的事物，而是其形式角色，在语义解读时需要补充表形式的名词。例如，“苦瓜”，“苦”实际修饰的是“瓜”的形式角色“味道”，而不是名语素“瓜”，隐含的“味道”是名语素“瓜”的形式角色，因此在语义建构中需要补充完成，意指“味道苦的瓜”。因此，当“苦”激活名语素的形式角色“味道”时，产生“像胆汁和黄连的味道”之义。如“苦药”“苦参”“苦菜”“苦楝子”“苦茶”“苦酒”等。“主体论元+形式角色（苦义项①）”语义解读如图 10-1 所示。

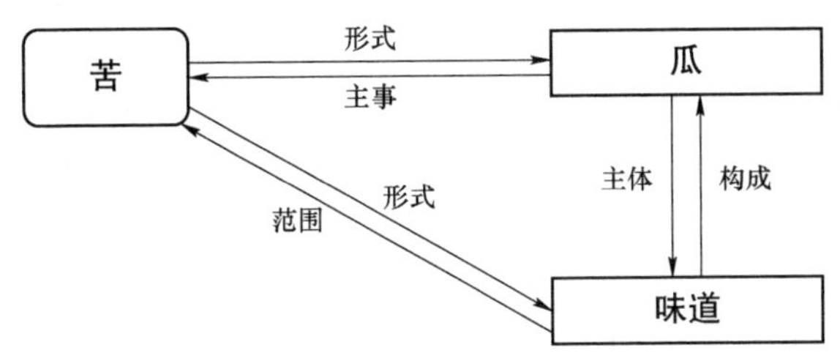

图 10-1　“主体论元+形式角色（苦义项①）”语义解读

当“苦”激活名词性语素的评价角色时，形语素是对名语素本身所表示的事物的主观评价，形成评价修饰关系。例如，“苦情”是指“悲惨痛苦的遭遇或情况”，“悲惨痛苦”是“遭遇或情况”的评价角色，可见，“苦”激活的是名语素的评价角色；“苦况”指“困苦的境况”，“困苦”是“境况”的评价角色，“苦”激活了名语素的评价角色；“苦衷”是指“说不出来的痛苦或为难的心情”，“说不出来的痛苦或为难” 是“心情”评价角色，“苦”激活的也是名语素的评价角色。因此，当“苦”激活名语素的评价角色时，“苦”可以理解为 “身体或精神上的痛苦、不愉快”。“主体论元+评价角色（苦义项②）”语义解读如图 10-2 所示。

当“苦”激活名词性语素的功用角色时，形语素并不是直接修饰名语素本身所表示的事物，而是其功用，形语素是对名语素所表事物的功用或目的

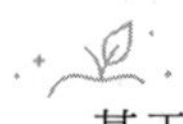

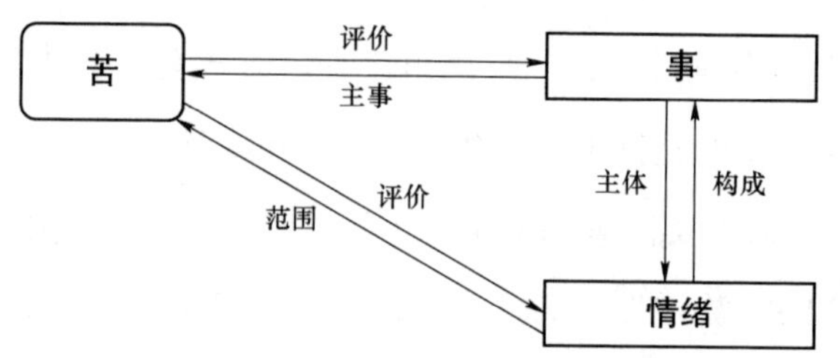

图 10-2 “主体论元+评价角色（苦义项②）”语义解读

的评价，在语义解读时需要补充表示功用的动词。如“苦手”是指“表示在某方面不擅长的人”，这个相对陌生的名词来源于围棋，一般用于形容某类游戏玩得不好。因此形语素“苦”选择性修饰名语素“手”的功能角色，即“游戏玩不好或棋下不好”，因此在解读时就需要补充一个表功能的使用类动词。同样，“苦买卖”是指“利润微薄的生意”，形语素“苦”选择性修饰名语素“买卖”的功能角色，“买卖”在“赚取”的过程中利润少了，于是在解读时要具体补充表示功能的动词“赚取”，“赚取利润微薄”的买卖成为“苦买卖”。“主体论元+功用角色（苦义项③）”语义解读如图 10-3 所示。

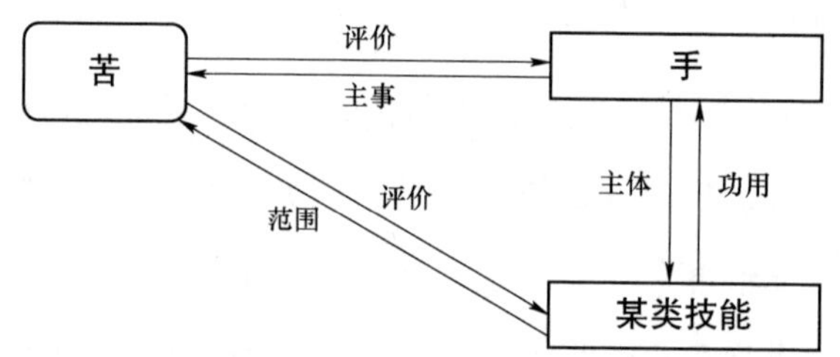

图 10-3 “主体论元+功用角色（苦义项③）”语义解读

当“苦”激活名词性语素的构成角色时，形语素修饰的是名语素的构成材料或组成部分，在语义解读时需要补充名语素的全体。例如，“苦人”不是指“苦的人”，工作和生活构成人生命的一部分，属于构成角色，语义解读时要解释成为“从事劳苦工作而生活艰困的人”。“苦脑子”不是指“苦命的脑子”，脑子是构成人体的一部分，也属于构成角色，语义解读时要解释成为“苦命的人”。“主体论元+构成角色（苦义项①）”语义解读如图 10-4 所示。

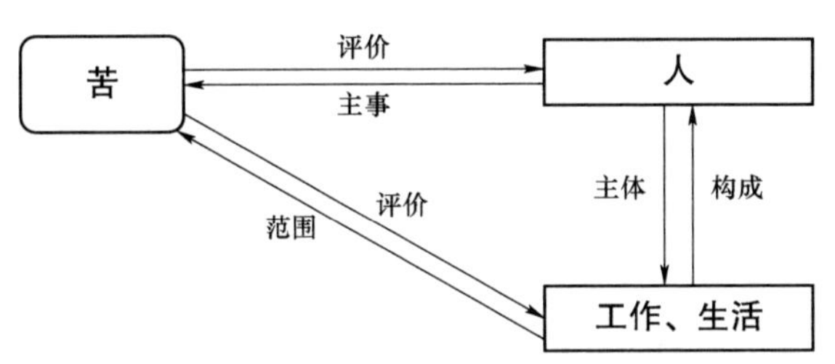

图 10-4 “主体论元+构成角色（苦义项①）”语义解读

“苦”的多义还源自它可以激活同一名语素的不同物性角色。例如，“苦言”在《现汉》中有两个意思：① 凄切的言词；② 诤言，逆耳之言。“苦言①”中“凄切的言词”，“言语内容”是“言”的构成角色，“苦”是“言语内容”的形式角色，“苦”实际修饰的是“言语的内容”，在语义建构时需将这些被隐含了的内容补充。“主体论元+构成角色（‘苦言’义项①）”语义解读如图 10-5 所示。

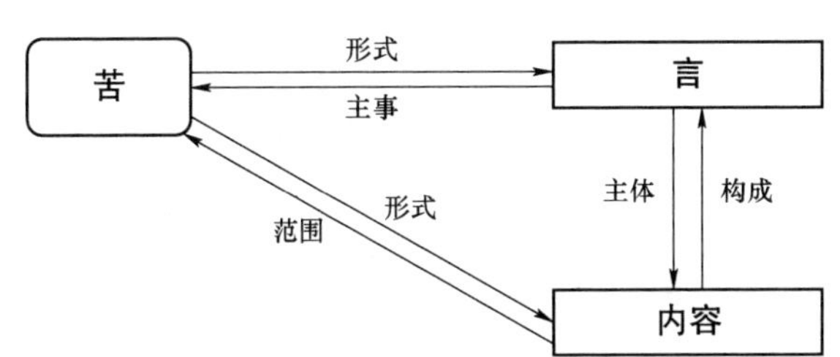

图 10-5 “主体论元+构成角色（‘苦言’义项①）”语义解读

“苦言②”意为“逆耳之言”，“苦”实际修饰的是“言语的效果”，“效果”是“言”的功用角色，“苦”是“言语效果”的评价角色，意为“使人听了以后不舒服，不顺耳”。因此，当同一名词的不同物性角色或相同物性角色的不同值被激活时，就会建构出多个语义合成空间，形成形容词多义现象。“主体论元+功用角色（‘苦言’义项②）”语义解读如图 10-6 所示。

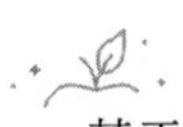

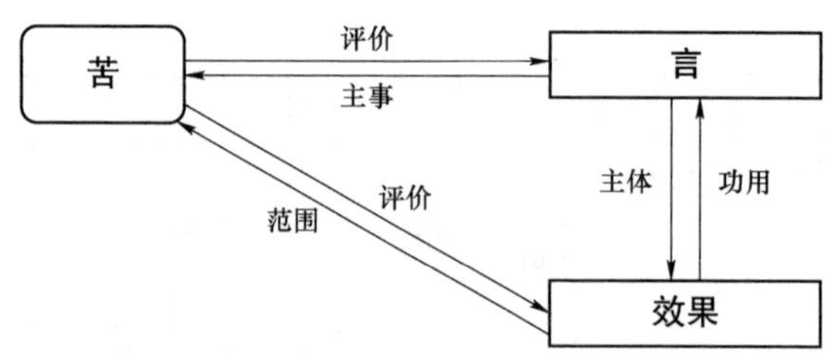

图 10-6 “主体论元+功用角色（‘苦言’义项②）”语义解读

综上，将“苦”激活不同物性角色的情况进行整理，见表 10-2。

表 10-2 “苦”字激活不同物性角色情况

	示例	物性角色
“苦”+名词性语素	苦瓜、苦水、苦瓠、苦参、苦菊、苦胆、苦李、苦菜、苦楝子、苦茶、苦酒、苦工①	形式角色
	苦笑、苦味、苦日子、愁眉苦脸、苦相、苦衷、苦情、苦工、苦功、苦主、苦言①、苦力、苦处、苦况、苦语、苦剧、苦境、苦命、苦事、苦刑、苦活、苦行、苦旅、苦役、苦战、苦事	评价角色
	苦手、苦买卖、苦差、苦言②	功用角色
	苦脑子、苦人	构成角色

第三节 “甜”字形容词义项的衍生和类转

“甜”字词类丰富，涉及动词性、名词性、形词性三类义项之间的转类，本书尝试运用物性结构理论和转喻隐喻理论从共时的角度解释现代汉语“甜”字形容词义项的衍生和类转。

义项①“像糖和蜜的味道”是一种具体、美好的味觉和嗅觉体验，属于形式角色。当“食物或气味”的这种“甜”的味觉属性映射到“人”的情绪域上时，激活“情绪”的评价角色“幸福、快乐”，于是产生了义项⑦“人在心理上感到幸福、快乐”。例如，“（他俩的爱情）比蜜甜”“（小两口儿的日

子）越过越甜”“生活很甜”。

当“食物或气味”中“甜”的味觉属性映射到“人”的语言域上时，激活“语言”的功能角色“让人听了舒服”，于是产生了义项③“语言和顺，让人舒服”。例如，“（小姑娘的嘴巴）甜，很招人喜欢”“（他）这个人嘴甜心狠”“你就会甜言蜜语”。

当“食物”中“甜”的味觉属性映射到“人”的声音域上时，激活“声音”的形式角色“悦耳动听”，于是产生了义项④“声音圆润婉转，讨人喜欢”。例如，“（他的嗓音）很甜”“（他的声音）甜甜的，真温柔”“甜润的嗓音”。

当“食物”中“甜”的味觉属性映射到“人”的长相和神情时，激活“长相和神情”的评价角色“可爱、漂亮”，于是产生了义项⑤“外形可爱，让人着迷”。例如，“（她）人长得甜，歌也唱得好”“得到大家的表扬，（小姑娘）甜甜地笑了”“（杨钰莹）长相甜美”。

当“食物或气味”中“甜”的属性映射到“睡眠”上时，激活“睡眠”的评价角色“踏实、安稳”，由此产生义项⑥“睡得舒适的样子”。例如，“睡得香甜”“这一觉睡得真甜啊！”“宝宝在妈妈怀中甜甜地睡去。”“甜”字的词义衍生见表 10-3。

表 10-3　“甜”字的词义衍生表

主体论元	义项	举例
1. 食物或气味	① 像糖和蜜的味道	甜瓜、甜酒
2. 人的情绪	⑦ 心情舒适、愉快	心里很甜
3. 人的语言	③ 语言和顺，让人舒服	甜言蜜语
4. 人的声音	④ 声音圆润婉转，讨人喜欢	声音甜糯
5. 外形	⑤ 外形可爱，让人着迷	长相甜美
6. 睡眠	⑥ 睡得舒适的样子	睡得很甜

第四节　从物性结构解析形容词“甜”的多义性

宋作艳指出“语义生成从词的角度看是词义在上下文中进行自我调节，生成具体的语境义，实际上是凸显、激活词义的某一部分”。从物性结构的角度看，“形容词的多义性实际上是形容词可以激活不同名语素中的不同物性角色或同一物性角色的不同值，从而整合出不同的概念空间。”

当“甜”激活名词性语素的形式角色时，形语素并不是直接修饰名语素本身所表示的事物，而是其形式角色，在语义解读时需要补充表形式角色的词。例如，“甜酒”，“甜”实际修饰的是“酒”的“味道”，而不是“酒”，隐含的“味道”是“酒”的形式角色，意指“味道甜的酒”，在语义建构中需要补出来。因此，当“甜”激活名语素的形式角色时，“甜”产生“像糖和蜜的味道”的义项。如“甜瓜”“甜食”“甜水”“甜高粱”“甜橙”“甜面包”等。“主体论元+构成角色（‘甜’义项①）”语义解读如图 10-7 所示。

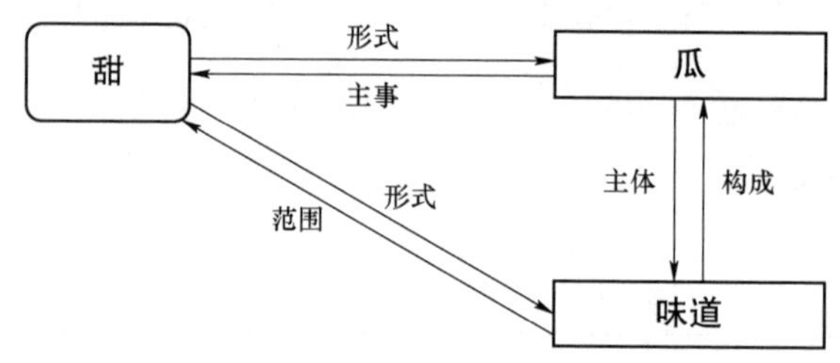

图 10-7 “主体论元+构成角色（‘甜’义项①）”语义解读

当“甜”激活名词性语素的评价角色时，形语素是对名语素本身所表示的事物的主观评价，形成评价修饰关系。例如，“甜乡”表示“梦境”，“甜”激活的是“睡眠”的评价角色“踏实、安稳”；“甜吻”表示“甜蜜的吻”，“甜”激活的是“亲吻”的评价角色“甜蜜”；“甜事”表示“幸福快乐的事情”，“甜”激活的是“事情”的评价角色“幸福、快乐”。因此，当“甜”激活名语素的评价角色时，“甜”产生“舒适、幸福、愉快”的义项。“主体论元+构成角色（‘甜’义项②）”语义解读如图 10-8 所示。

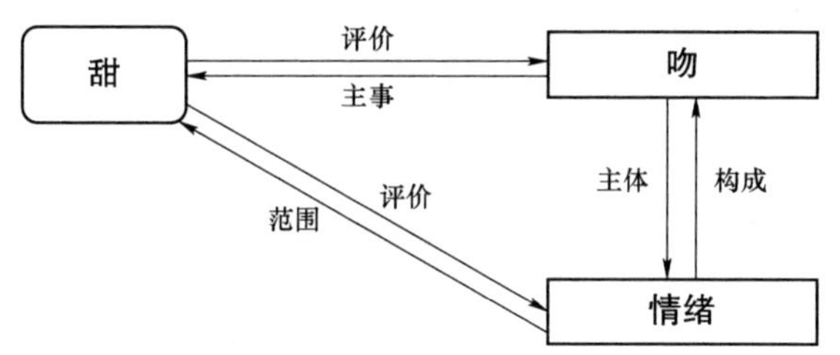

图 10-8　“主体论元+构成角色（‘甜’义项②）”语义解读

当“甜”激活名词性语素的功用角色时，形语素是对名语素所表事物的功用或目的的评价，直接修饰名语素的功用，而并非直接修饰名语素本身所表示的事物，在语义解读时需要补充表功用的动词。例如，“甜嘴儿”不是指“嘴巴很甜”，而是指“嘴巴说的话让人听着舒服”，因此形语素“甜”选择性激活名语素“嘴”的功能角色，即“嘴巴说的话”，在解读时需要补充一个具体的表示使用类动词。例如，“甜活儿”指“费力少而报酬多的工作”，形语素“甜”选择性激活名语素“活儿”的功能角色，在解读时要具体补充表示功能的动词“干”，“活儿”在“干”的过程中出力少，报酬多了，就会成为“甜活儿”。“主体论元+构成角色（‘甜’义项③）”语义解读如图 10-9 所示。

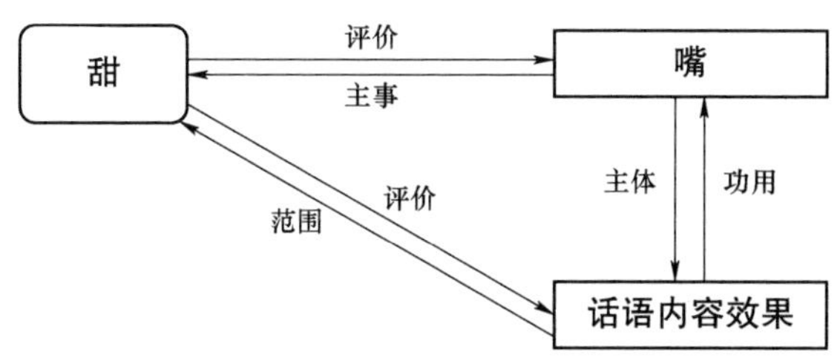

图 10-9　“主体论元+构成角色（‘甜’义项③）”语义解读

“甜”可以激活同一名词的不同物性角色或同一物性角色的不同值，形名之间的物性修饰关系不同，就会形成形名组合（复合词）的多义（歧义）现象，“甜”的多义源自它可以激活不同名语素的不同物性角色。综上，我们将“甜”激活不同物性角色的情况进行整理，结果见表 10-4。

表 10-4 “甜”字激活不同物性角色情况

	物性角色	举例
“甜”+名词性语素	形式角色	甜菜、甜瓜、甜食、甜水、甜高粱、甜面包、甜梅、甜物、甜点、甜酱、甜酒、甜面酱、甜品、甜醅、甜萝卜、甜梅、甜露、甜冰、甜根子草、甜高粱、甜橙、甜枣、甜雪
	评价角色	甜活儿①、甜吻、甜味、甜乡、黑甜乡、甜事
	功用角色	甜活儿②、甜嘴儿、甜嘴蜜舌、甜差、甜语甜言、甜言蜜语、甜言媚语、甜话、甜语、甜言软语、甜句儿、甜口儿

第十一章　单音节形容词在汉语教学中的一些问题

第一节　单音节形容词的多义性

新 HSK 六级词汇（5 000 词）中单音节词的数量并不多。根据我们的统计，单音节词共有 672 个，占总数的 13.44%，其中，单音节形容词的总数为 126 个，占新 HSK 六级词汇的 2.52%。在这 126 个单音节形容词中，我们试着统计其义项数目，发现其中只有单一的形容性义项的共有 37 个单音节形容词，列举如下：

棒、扁、憋、菜、长、吵、趁、到、得、逗、短、对、饿、盖、蓝、累、久、渴、零、派、坡、是、忙、难、烫、疼、晴、能、少、帅、腥、紫、脏、弯、假、晕、斜。

除去这 37 个只有单一形容性义项的 37 个单音形容词，我们对剩余的 89 例多义项单音节形容词的义项数目进行统计。发现其中义项数目大于 5 项的有 21 个形容词，义项数为 4 项的有 18 个形容词，义项数为 3 项的有 25 个形容词，义项数为 2 项的有 25 个形容词。其中最多义项数为 11 个，最少义项数为 2 项，经过统计，发现 89 个单音形容词的平均义项数为 4 项。具体统计情况见表 11-1。

表 11-1　多义项单音节形容词义项数统计

义项数	词数	比例（%）	词例
2	25	28	草、馋、次、呆、辣、懒、方、富、青、小、歪、咸、痒、黄、和、真、圆、饱、泼、破、胖、近、穷、碎、傻
3	25	28	低、多、高、乖、贵、红、火、旧、苦、乱、满、慢、浓、宽、困、行、早、远、贼、窄、长、背、笨、差、矮
4	18	20	黑、嫩、平、亮、坏、瘦、死、酸、甜、秃、新、晚、硬、重、丑、臭、暗、白
5	8	9	大、紧、快、烂、直、薄、弱、香
6	6	7	横、厚、淡、热、毛、深
7	3	1	冷、轻、软
8	1	1	浅
9	2	2	老、好
11	1	1	正
总计	89	100	

在针对中高级留学生的教学和交流中，常常发现很多同学在作业和日常交流中会出现一些“不太地道”的表达，例句如下。

*他的痛很［重］，动也不能动，话也不能说。

*他的权利很［重］。

*我的烦恼越来越［重］。

*结婚是人生［重］事。

*老师很［重］我。

上述偏误反映出二语习得者对形容词的多个义项理解不够准确和全面，影响了他们在日常交流中准确地表情达意。单音节形容词有很多既能够单独成词，又能够作为成词语素与其他语素组成双音节或多音节词语，由此会产生多个义项，不同义项对应着不同的主体论元及其不同物性角色，形容词多

义项的复杂性加上语素的误导，使得汉语学习者们如果对形容词所修饰的主体论元的语义特征理解有误，就很容易产生以上的偏误。

因此，对于单音节形容词的研究，我们不仅要考察研究这些词的本义或引申义之间的衍生和类转的逻辑内涵，还要研究这些形容词在使用过程中修饰主体的差异和用法，以及在教学过程中如何讲解和操练才能让学生正确使用这些词语。

第二节　单音节形容词偏误分析

我们以单音节形容词“重（zhòng）”为研究对象，进行个案研究。为了了解二语习得者对“重”的了解与掌握情况，我们将“重”作为检索对象输入北京语言大学“HSK 动态作文语料库”中进行检索，发现“重”在“HSK 动态作文语料库”中共计有 471 条语料，我们将这 471 条语料全部下载并进行了标注和归类，统计后发现，“重（zhòng）”单独使用的语料共计 125 条，占总语料的 26.5%。

一、“重（zhòng）”在不同义项下的偏误情况

（一）义项 1：重量大；比重大（跟“轻”相对）

义项 1 是“重”的基本义，和“轻”相对，常常单独使用。

例句如下。

① 挑那么［重］的水太辛苦了。（HSK 动态作文语料库　语料编号：200105109525200704）

② 孩子们在这时代的学校中，功课的压力很［重］，他们在外面所受到的诱惑也很大。（HSK 动态作文语料库　语料编号：200210540540250115l）

以上两句是没有偏误使用正确的句子。从以上两个例句中，可以看出

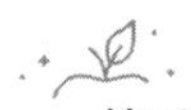

“重”修饰的对象分为具体事物和抽象事物两类，如例句①中的“水”，指“水”的重量很大，难以移动。例句②修饰的对象是“压力”，属于抽象事物范畴。若统一释义，会影响释义的精度，很容易使二语学习者产生以下的偏误。

③ *但是有些人说这不是杀人而是解除［重］病人的痛苦。（HSK 动态作文语料库 语料编号：200205212525200016）

④ *有的人因遇到的困难很［重］就不想活着，不想再忍受各种困难而自杀。

⑤ *这个影响比直接吸烟人更［重］。（HSK 动态作文语料库 语料编号：200405205525200000）

⑥*他在关键的时候说出的话意义很［重］。（HSK 动态作文语料库 语料编号：199505104525200000）

⑦ *他们所说的也有道理，可是公众的权利绝对比个人的权利［重］。（HSK 动态作文语料库 200405109525101000）

表 11-2 列出了运用物性结构理论对“重（zhòng）”义项 1 的重新划分和描写和对比。

表 11-2　多义词“重（zhòng）”释义精度辨析

《现汉》义项	重新划分描写后义项	释义精度区别
重量大；比重大	具体事物重量大；比重大	凸显具体事物［+重量大］或［+比重大］的形式角色特征
	（工作、任务等）涉及大量体力，使人压力大	凸显抽象事物［+体力大］和［+压力大］的评价角色特征
	动作猛；声音响	凸显动作［+用力大］或声音［+响］的形式角色特征
	语言深刻，措辞严厉	凸显语言［+内容深刻］或措辞［+严厉］的评价角色特征

结合例句③，“重病人”中，如果“重”的主体论元是“病人”，属于具体事物，因此“重病人”产生“重量大的病人”的意思；如果“重”的主体论元是“病”，属于抽象事物，“重”的释义与《现汉》中的义项 3 关联，表示

"程度深"的意思，此时"重病人"指"重病的人，"产生"病情严重的人"的意思，在汉语中通常用"重病患者"来表达。

再结合例句④，"困难重"的主体论元是"困难"属于抽象事物，根据重新划分和描写后的义项可以发现，当"重"修饰的主体论元指向抽象事物时，"重"凸显的是主体论元消耗了人大量体力并给人带来精神上的压力。由此可见，"困难""影响""意义""权利"并未涉及人的大量体力并由此产生压力，因此这样的搭配不符合我们的表达习惯。

例句④～例句⑦中"重"和"大"都有表示"大量"的意思，因此留学生在使用过程中常常在"大""重"的搭配对象上混淆不清，"意义""影响""困难""权利"等抽象词汇常常与"大"搭配，这提示我们在对单音节形容词释义时，运用"主体论元+物性角色"的释义方式能够提高释义的精度，更能帮助留学生直观地注意到形容词常见搭配对象，减少偏误的发生。

（二）义项 2：程度深

"重"作为义项 2 的意义使用时，也常常会被单用。

例句如下。

① 还有上次我给我妈打电话时，你得了很［重］的感冒，是吧？（HSK 动态作文语料库 语料编号：200105550523250000）

② 他们在族群的日常生活里都用土音很［.重］的广西话相互沟通。（HSK 动态作文语料库 语料编号：200110540540150000）

③ 万一其中一个生病，症状很［重］，可是我们不能让他安心的话，我们心里也很难过。（HSK 动态作文语料库语料编号：200205212525100053）

④ 轻则，双方被迫"摊牌"，［重］则闹得不欢而散。（HSK 动态作文语料库语料编号：200210540540150000）

以上都是对"重"义项 2 的正确使用，例句①～例句④中，都分别凸显了"病情""口音""症状""事情后果"程度深的特点，但是我们也发现了一些偏误的句子，例句如下。

① *因我本身近视很［重］，所以我是佩戴隐形眼镜的。（HSK 动态作文语料库 语料编号：199409543501200000）

（因我本身近视很［深］，所以我是佩戴隐形眼镜的。）

② *但有时候他们对我的期待很［重］。（HSK 动态作文语料库 语料编号：200505204525200151）

（但有时候他们对我的期待很［高］。）

③ *我的身高是一百六十五公分，体重五十六公斤，瓜子脸，长头发，对工作态度认真，责任感很［重］。（HSK 动态作文语料库 语料编号：199312533540200000）

（我的身高是一百六十五公分，体重五十六公斤，瓜子脸，长头发，对工作态度认真，责任感很［强］。）

④ *我想吸烟者的烦恼也越来越［重］吧！（HSK 动态作文语料库 2004051095231000000）

（我想吸烟者的烦恼也越来越［多］吧！）

例句①～例句④中出现“重”“深”“高”“强”“多”的混用，这四个单音节形容词都有表示“程度深”的意思，从常用度和准确性来说，“近视深”更加常见和准确，“深”一般用来描述抽象的概念或者情感，用来形容程度的深浅，如“深刻的思考”“深沉的感情”等。“期待高”通常用于表示期望程度的强烈或者期望目标的高远，在表示程度时，“高”通常用于形容抽象的事物，如“高超的技艺”“高深的学问”。“责任感强”通常表示某个人对于自己的职责和义务有着强烈的自觉和责任心，“强”在表示程度时，通常用于形容抽象的事物，如“强烈的情感”“强大的文化影响力”等。所以，“情感”“道理”“思想”等抽象词汇常常与“深”搭配，“标准”“要求”“期待”等抽象词汇常常与“高”搭配，“感情”“意志”“能力”等抽象词汇常常与“强”搭配。“重”“深”“高”“强”“多”偏误辨析见表 11-3。

表 11-3　“重”“深”“高”“强”“多”偏误辨析

《现汉》相关义项	本书建议描写义项	区别
重：程度深	程度深	[抽象事物] + [程度] + [超过] + [比较对象]
深：从上到下或从外到里的距离大	① 从上到下或从外到里的距离大 ② 抽象事物程度大	① [具体事物] + [距离] + [大] ② [抽象事物] + [程度] + [大]
高：在一般标准或平均程度之上的	（数量、质量、程度）超出常规或超过比较对象	[人、物] + [数量、质量、程度] + [超出] + [比较对象]
强：感情或意志所要求达到的程度高	（感情或意志）所要求达到的程度高	[感情、意志] + [程度] ++ [超过] + [比较对象]
多：数量大	数量大	[人、物] + [数量] + [大]

从语料库中还发现了一些频率较高具有典型性偏误的句子，例句如下。

① *告诉我贫富不要紧，最［重］的是他必须是个忠厚老实的人。（HSK 动态作文语料库 语料编号：199500533533200000）

（告诉我贫富不要紧，最重要的是他必须是个忠厚老实的人。）

② *因为我家全靠他一个人的收入生活，他的负担非常重大。（HSK 动态作文语料库 语料编号：199505104525200000）

（因为我家全靠他一个人的收入生活，他的负担非常重。）

③ *我是最小的，所以父亲很重我。（HSK 动态作文语料库 语料编号：199412124727200000）

（我是最小的，所以父亲很看重我。）

④ *它告诉了我一件很重的事，就是不管敌人是谁，我就能赢。（全球汉语中介语语料库；作文题目：我最喜欢的东西；学习者国籍：菲律宾。）

（它告诉了我一件很重要的事，就是不管敌人是谁，我就能赢。）

⑤ *常言道：结婚是人生一件重事，是一辈子的事，容不得草率、轻视。（HSK 动态作文语料库 200410534533250000）

（常言道：结婚是人生一件大事，是一辈子的事，容不得草率、轻视。）

⑥ *所以我们重每个人的想法，兴趣。（HSK 动态作文语料库 语料编号：200510111523101000）

（所以我们尊重每个人的想法，兴趣。）

⑦ *对本人很重，对爱她的人也重。（HSK 动态作文语料库 语料编号：200205212642200042）

（对本人很重要，对爱她的人也重要。）

以上例句显示“重”与其他语素词之间的混用问题。其中“严重”“尊重”是 HSK 四级考试大纲词汇表中的重点词汇，“重视”“重要”属于 HSK 六级考试大纲词汇表中的重点词汇，接下来我们以其中 5 个高偏误率词“严重”“重要”“尊重”“重视”“重大”为例，按照比例进行进一步分析。

二、“重”的高频次和高偏误率语素词

（一）严重

“严重”是“重”语素词偏误次数最高的一词，在 HSK 动态作文语料库中偏误词次为 48，总词次为 1 022，偏误率 4.7%。其最常见的搭配是“严重的问题”“严重的危害”“病情严重”，二语学习者已经能够将这种搭配固定化，使用时错误率较低。

例如如下。

① 但从另一方面来讲，天然资源的大量利用，带来了［严重］的问题。（HSK 动态作文语料库 语料编号：200105109525200000）

② 住在中国农村的这位太太得了非常［严重］的病，“不治之症”，再说她“十分痛苦”。（HSK 动态作文语料库 语料编号：200205209610200000）

③ 虽然政府、医院等大力阻止民众抽烟，但吸烟日趋普及，［严重］危

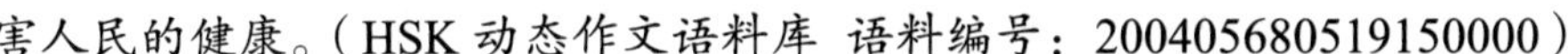

害人民的健康。（HSK 动态作文语料库 语料编号：200405680519150000）

以上例句均是对“严重”的正确使用，同时，我们在语料库中也发现了与“严重”相关的偏误。

例如如下。

④ *所以跟我的父母或者老师说话时，常觉得他们对我们的要求很严重。（HSK 动态作文语料库 语料编号：199610550523290000）

（所以跟我的父母或者老师说话时，常觉得他们对我们的要求很严格。）

⑤ *从我的角度来看政府应该采取严重的措施，避免青年人或者其他人吸烟。（HSK 动态作文语料库 语料编号：200405109529100000）

（从我的角度来看政府应该采取严厉的措施，避免青年人或者其他人吸烟。）

⑥ *我觉得这都是为了我们的国家，为了他自己，所以我们应该严重地对待这个问题。（HSK 动态作文语料库 语料编号：200405109523200000）

（我觉得这都是为了我们的国家，为了他自己，所以我们应该严肃地对待这个问题。）

通过考察留学生习得“严重”的偏误发现，偏误语料中大量是与“严格”“严肃”“严厉”三个近义词之间发生的混用。“严格”在《现汉》中的形容词义项是指在遵守制度或掌握标准时认真不放松，例句④中与“要求严格”的搭配是一个常见的搭配组合，但留学生在这里却用了“严重”，出现了搭配不当。例句⑤是“严厉”与“严重”的误用，“严厉”在《现汉》中指“严肃而厉害”，修饰的主体论元通常指向“态度、语气、措施”，而不能修饰“疾病”，因此常用的搭配是“严重的病”“严厉的措施”。例句⑥则是“严重”“严肃”两组近义词之间的误用，《现汉》中“严肃”是指“神情、气氛等使人感到敬畏的”，通常修饰的主体论元指向神情、态度、气氛等，如“严肃对待”。“严重”“严格”“严厉”“严肃”偏误辨析见表 11-4。

表 11-4 “严重”“严格”“严厉”“严肃”偏误辨析

《现汉》相关义项	主体论元与论元角色的差异
严重：程度深，影响大； （情势）危急	凸显［物］+［影响］+［大］的形式角色特征
严格：在遵守制度或掌握标准时认真不放松	凸显［人、物］+［制度、标准］+［不放松］的评价角色特征
严厉：严肃而厉害	凸显［人］+［严格］+［认真］的评价角色特征
严肃：（神情、气氛等）使人感到敬畏的；（作风、态度）等严格认真	凸显［抽象事物］+［严格］+［使人敬畏］的评价角色特征

二语习得者容易将三个词混用，说明留学生对这三个词之间的差别不甚了然，理解掌握的程度还不熟练，导致在运用中出现偏误。因此，在相近形容词词汇的习得过程中，如果教师能对相近形容词词汇从“主体论元+物性角色”的角度解读义项的差别，学生会更容易学会区分相近形容词的搭配现象，发现彼此用法的异同，就能够更快达到准确运用的目的。

（二）重要

“重要”出现在留学生中介语中的词次是 3213，偏误词次是 33，是“重”语素词中使用频率最高的词，偏误率为 1.03%。

例句如下。

①我一定会做好女儿，这是我人生中最［重要］的目标。（HSK 动态作文语料库 语料编号：200105550523250000）

②它不但使你迷失方向，更［重要］的是损害了世界人类的健康。（HSK 动态作文语料库 语料编号：200405522522150000）

以下是一些典型的偏误语料。

③*经济和文明发展以后，人们越来越重要的是自己的健康。（HSK 动态作文语料库 语料编号：200307109523100000）

（经济和文明发展以后，人们越来越重视的是自己的健康。）

④*我们应该把挨饿的那些人看成和父母一样贵重，好好照顾他们，这

是你应该做的事情。（HSK 动态作文语料库 语料编号：2003072715231000000）

（我们应该把挨饿的那些人看成和父母一样重要，好好照顾他们，这是你应该做的事情。）

⑤ *导游工作当然重要外语能力。（HSK 动态作文语料库 语料编号：199312123525200000）

（导游工作当然重视外语能力。）

例句③与例句⑤都是“重视”与“重要”的误用。《现汉》中“重要”释义为“具有重大的意义、作用和影响的”。“重要”常常与表示人物、问题、文件等抽象事物名词搭配。《现汉》中“重视”的释义为“动词，认为人的德才优良或事物的作用重要而认真对待；看重”，与之搭配的常常是“能力”“健康”“才华”“品质”等名词。通过比较，可以清楚地发现两个词的词性完全不同。学习者之所以在使用过程中会发生混淆不清的偏误，是因为他们在习得过程中并未真正弄清楚两个词的基础语义和用法。例句④所犯的错误是“重要”与“贵重”的混用，“贵重”《现汉》中的释义为“价值高；值得重视”，与“重要”的主体论元通常指向人物或抽象事物不同，“贵重”的主体论元更多地指向具体的事物名词，因此例句④中修饰“挨饿的那些人和父母”应该选择“重要”更加恰当。“重要”“重视”“贵重”偏误辨析见表 11-5。

表 11-5 “重要”“重视”“贵重”偏误辨析

《现汉》相关义项	主体论元与论元角色、客体论元的差异
重要：形具有重大的意义、作用和影响的	凸显［人、物］+［影响］+［大］的形式角色特征
重视：动认为人的德才优良或事物的作用重要而认真对待；看重	［人］+［认真对待］+［人、抽象事物］
贵重：形价值高；值得重视	凸显［物］+［价值高］+［影响大］评价角色特征

（三）尊重

“尊重”一词在留学生中介语中总词次为 602 次，偏误词次为 27，偏误率为 4.5%。下面是一些正确使用的语料。

① 爸爸、妈妈总是［尊重］我的意见，让我做我自己想做的事。（HSK 动态作文语料库 语料编号：200105550523250000）

② 因此，我们应该尽量［尊重］个人主张，让本人决定。（HSK 动态作文语料库 语料编号：200205217525200000）

③ 重要的是爱烟者和不喜欢香烟的人的互相理解，互相［尊重］。（HSK 动态作文语料库 语料编号：200405205525200000）

“尊重”在《现汉》中主要有 2 个动词义项：① 动尊敬；敬重；② 动重视并严肃对待。主体论元指向人物，客体论元通常指向“老人”“历史”“事实”“意见”“主张”等。下面我们结合具体的偏误语料进一步分析。偏误例句如下。

④ *尊重的父母：你们好！昨天收到您的信，读完信我很高兴。（HSK 动态作文语料库 语料编号：200104124506100000）

（尊敬的父母：你们好！昨天收到您的信，读完信我很高兴。）

⑤ *那些专家应该遵敬他们的意见。（HSK 动态作文语料库 语料编号：200205204525200000）

（那些专家应该尊重他们的意见。）

⑥ *我想这问题很容易解决，首先互相尊敬对方的意见和想法。（HSK 动态作文语料库 语料编号：200209550919150000）

（我想这问题很容易解决，首先互相尊重对方的意见和想法。）

例句④～例句⑥都是“尊重”与“尊敬”两词的混用，在语料中占比高达 3.3%。参考《现汉》可知，“尊重”释义为：“① 动尊敬；敬重。② 动重视并严肃对待。”“尊敬”释义为：“① 动重视而且恭敬地对待。② 形可尊敬的。”通过对两词释义的比较，《现汉》采用以词释词的方式，用“尊敬”和“尊重”对释，这就会使二语习得者更加糊涂，无法分辨两词的区别。如果采用论元结构来解释这两个词，就可以快速地帮助二语习得者掌握这两个近

义词的差别：“尊敬”的主体论元通常指向人物，客体论元通常是主体论元的长辈或上级；“尊重”的主体论元通常指向人物，客体论元则常常指向两类——指人或者指事，当客体体论元指向人物时，通常指向地位平级的人，当主体论元指向事物时，通常指向“意见”“想法”“价值观”“事实”等抽象名词。结合偏误语料可知，例句④搭配的对象是“父母”，“父母”与“孩子”之间存在着长辈与晚辈的关系，因此应该选用“尊敬”。而例句⑤表示的是两者之间彼此的关系，例句⑥的搭配对象是抽象事物，因此例句⑤和例句⑥选用“尊重”一词在表达上会更加合适。“尊重”“尊敬”偏误辨析见表 11-6。

表 11-6　“尊重”“尊敬”偏误辨析

《现汉》相关义项	主体论元与客体论元的差异
尊重：①动尊敬；敬重。②动重视并严肃对待	[人]＋[严肃或恭敬对待]＋[平级的人或长辈]或[物]
尊敬：①动重视而且恭敬地对待	[人]＋[恭敬对待]＋[长辈或上级]

（四）重大

“重大”一词在留学生中介语中总词次是 268，偏误词次是 22，偏误百分率是 8.21。以下列举“重大”一词在语料库中正确使用的句子。

① 作者能够很详细地举出例子让读者清楚地看到日本人思想对社会与国家的重大影响力。（HSK 动态作文语料库　语料编号：2003055335332500000）

② 但是“妈妈助理”带来很多[重大]问题。（HSK 动态作文语料库　语料编号：200505109525101000）

③ 如果我们的社会只为了那些富有的人而发展下去的话，总有一天我们会遇到[重大]挑战。（HSK 动态作文语料库　语料编号：200307204523100000）

④ 因此父母对孩子有[重大]的责任。（HSK 动态作文语料库　语料编号：200505204525200000）

⑤ 农药的[重大]作用是消除病虫害以保证作物本身的健康生长，达[C]到更高的经济效益。(HSK 动态作文语料库 语料编号：200307217525100000)

可以发现，“重大”在使用过程中常见的搭配对象是“影响力”“因素”“问题”“责任”“作用”“挑战”等抽象名词。结合《现汉》中的释义：“形大而重要（用于抽象事物）：～问题|意义～。”可知，在讲授“重大”一次用法的时候，强调主体论元的抽象事物特点可以避免许多偏误的发生。

例句如下。

⑥ *这个问题已经成为重要的社会问题。(HSK 动态作文语料库 语料编号：200209550523250000)

(这个问题已经成为重大的社会问题。)

⑦ *嗓子会渐渐变弱，甚至会患有很重大的癌症。(HSK 动态作文语料库 语料编号：200405109523201000)

(嗓子会渐渐变弱，甚至会患有很严重的癌症。)

⑧ *谁也没想到造成了这么重大的后果。(HSK 动态作文语料库 语料编号：200405109523201000)

(谁也没想到造成了这么严重的后果。)

⑨ *有的认为钱是最重大的，有的人认为爱是最重要的。(HSK 动态作文语料库 语料编号：200307109525100000)

(有的认为钱是最重要的，有的人认为爱是最重要的。)

在例句⑨中，“钱”是具体的事物，很明显不能用“重大”来修饰。例句⑥是“重大”和“重要”的误用。“重大”与“重要”都是形容词，很多时候两词是可以通用的，只是在一些少数词语搭配上出现例外。但是“重要”的主体论元指向人物和工作，而“重大”的主体论元只能指向物。两词可以共同搭配的表事物的抽象名词有“原则”“变化”“节日”“责任”“成就”“意义”等。例句⑥是学习者混用两词的使用特点而造成的偏误。例句⑧和例句⑨是“重大”“严重”的混用。“严重”在《现汉》中是指“程度深，影响大，

情势危急的”，因此通常表示事物的消极趋势；而“重大”则更多用于表示事物良性发展走向。因此结合例句，“后果”是表示贬义的词语，只能是用“严重”修饰，“重大”多修饰褒义词，因此此类偏误多半是第二语言学习者无法分辨两词在使用过程中感情色彩的差异。“重要”“重大”“严重”偏误辨析见表 11-7。

表 11-7 “重要”“重大”“严重”偏误辨析

《现汉》相关义项	主体论元与论元角色及感情色彩的差异
重要：形具有重大的意义、作用和影响的	［人、物］+［影响大］+［褒义］
重大：形大而重要（用于抽象事物）	［抽象事物］+［影响大］+［良性趋势］
严重：形程度深，影响大；（情势）危急	［抽象事物］+［影响大］+［消极趋势］

第三节　单音节形容词的教学建议

本节在前文对“宽”“窄”“软”“硬”“重”“轻”等 14 个单音节形容词释义的划分和描写的基础上，结合对外汉语单音节形容词教学实践，遵循对外汉语教学原则和方法，探索一些有益教学建议，为对外汉语教学的同行提供思路。

一、图示法

在留学生课堂生词教学环节，有时候教师讲得越多，学生越难听懂听明白，此时运用图片示例法就能够达到事半功倍的效果，因为用图片示例最大的好处就是直观、形象。图示法教学是对外汉语教学中非常重要的教学方法，例如在讲解“宽”“窄”等量度形容词时，就可以借助图片教学法，如图 11-1 所示。

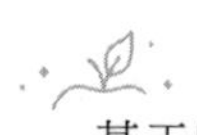

图 11-1 “宽”“窄”

图“宽”：这条马路很宽，可以并排开三辆车。

图“窄”：山路又窄又长，像一条细细的带子。

“宽”和“深”还可以用来形容三维空间，宽更加侧重二维空间，侧重长、宽这二维，因此可以理解为“又长又宽”的空间。而“深”则更加注重长、宽、高三维空间。因此在讲解“长”“宽”“高”“厚”“深”等空间义时可以使用图 11-2 所示的方法。

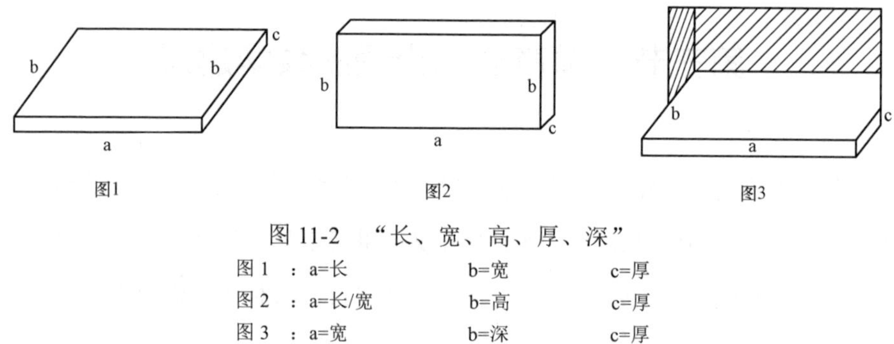

图 11-2 “长、宽、高、厚、深”

图 1	：a=长	b=宽	c=厚
图 2	：a=长/宽	b=高	c=厚
图 3	：a=宽	b=深	c=厚

用图示法最大的优点就是直观而简洁，能让二语习得者快速了解掌握词义，节约时间，准确掌握词语意义。

二、语义梳理法

针对义项比较多，又难以系统掌握的形容词，还可以利用思维导图的方法对语义进行梳理。思维导图最大的优点是简洁明了，在梳理语义的时候，可以根据主体论元的变化分类归纳，梳理过程要按照语义变化进行，环环相

扣，教师一边提供不同语义的示范词语和例句，同时让学生回忆整理相应的词汇，既充分发挥教师的引导作用，又充分调动学生这个学习主体的积极性。以“宽”为例，如图 11-3 所示。

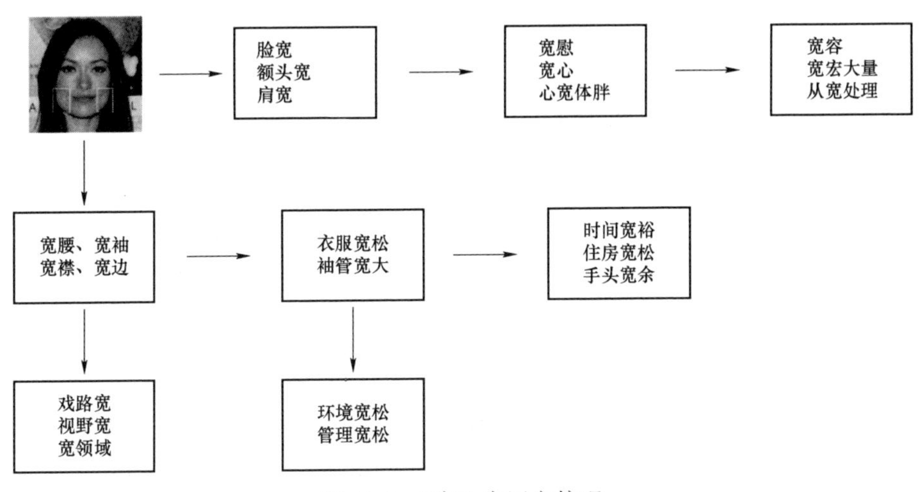

图 11-3　“宽”字语义梳理

如图 11-3 所示，教师可以先让学生看图说话、组词，口头说出简单的词语，如脸宽、肩宽等；教师也可以先说明语素义，由学生来猜测整体词义；还可以请学生分析词语结构，试着猜测“宽”的语素义并列举相应的词汇。这个过程，既能够给予学生口语表达的机会，又能训练学生通过语素义提高猜测词义的能力。整个学习过程中，思维导图带领学生由一个语义过渡到另一个语义，逻辑清晰，有利于学生发散思维，同时锻炼学生的理解归纳能力，在义项串联的过程中还能够增强学生的印象和记忆，使学生不仅能准确掌握并运用单音节形容词，还能够通过掌握语素义提高自身猜测新词含义的能力。也可以在语义梳理过程中给学生更多的机会展示自己，既能锻炼学生的口语表达能力和汉语思维能力，又能增强学生对知识点的记忆。

如图 11-4 所示，教师根据“甜”修饰的不同主体论元让学生组词，如“甜酒”“香甜的气味”等，通过分析观察词语结构，请学生试着猜测“甜”修饰不同主体论元时语素义发生的变化，让学生试着列举不同语素义对应的词汇，如“歌声甜美”“嘴甜”“甜笑”等，并让学生尝试猜出语素义，再试着说出整体词义。这个发散式过程中，既能够让学生理解“甜”字的多义衍生现象，又能训练学生通过语素义提高猜测词义的能力。

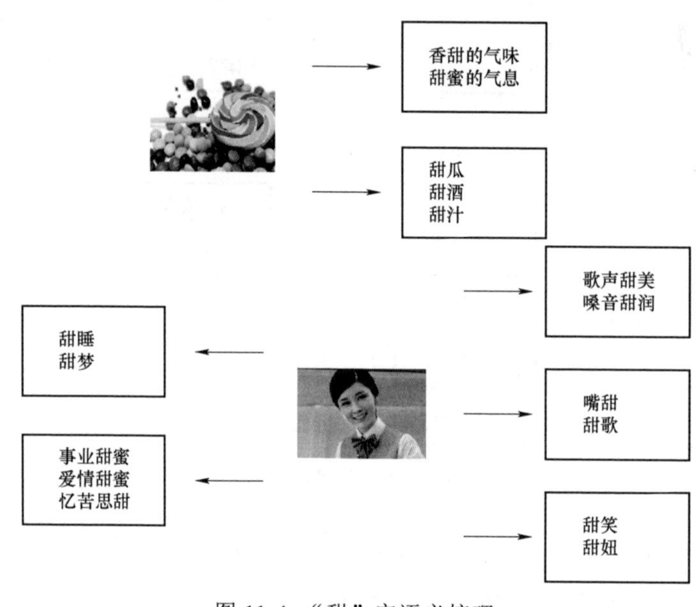

图 11-4 “甜”字语义梳理

三、特定情境下的词汇教学

在中高级阶段的汉语词汇教学过程中，建议将特定情境下有关联的词汇集合到一起，根据某点联系展开学习。例如，对同一范畴内的词汇教学，如味觉词“酸甜苦辣咸”；再如，某一特定情境的常用词汇教学，如“旅行中怎样购买车票”；还可以设置“反义词教学”（如图 11-5 所示）。这种汇集式词汇教学的特点就是在学过的知识的基础上，帮助学生系统地有条理地梳理词汇知识点，总结归纳一类词的使用规律，让学生能够掌握知识点，培养学生学会举一反三，锻炼自主学习能力，在使用的时候可以从一类词运用到另一类词汇，不仅增强对知识点的把控，还有助于扩大学生的词汇量。

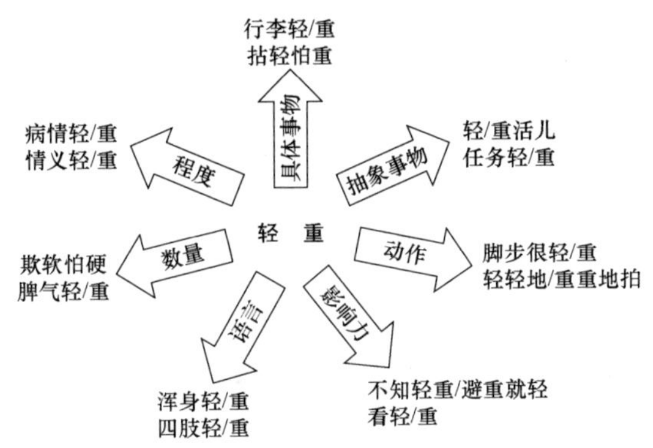

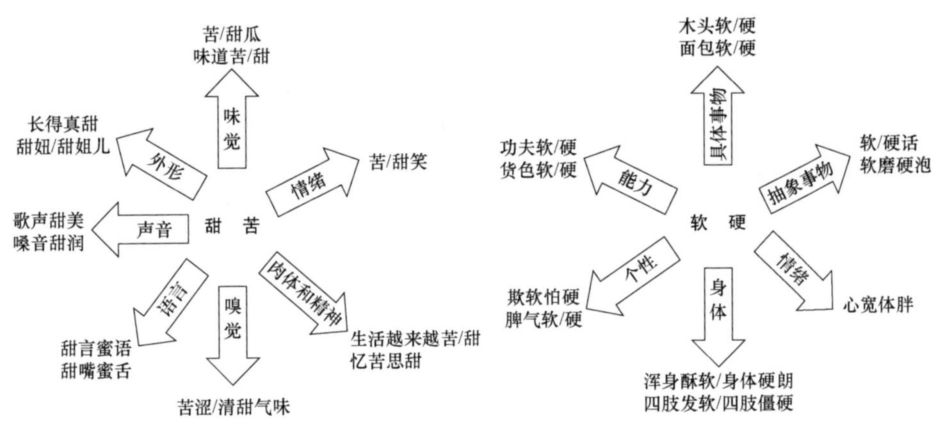

图 11-5　词汇式教学

四、操练法

词汇教学除了要讲清楚知识点之外，最重要的是配合大量多样化的练习，才能巩固所学的内容。除了课堂活动中的灵活训练方式，适当的机械练习是必要的，在练习方式的设置上要尽量多元化，如选词填空、判断正误、猜测词义、用学过的词语说句子等，通过知识的不断再现和反复练习，提高学生对词汇的熟悉度。

例如，用前面提到过的单音节形容词设置填空练习。

1. 他这个人心眼很________，所以大家都不喜欢他。

A 宽　　B 窄　　C 软　　D 硬　　E 大　　F 小

2. 表示“态度坚决，不会改变”：口气________。

A 宽　　B 窄　　C 软　　D 硬　　E 大　　F 小

3. 这个月我手头________，我不去旅游了。

A 宽　　B 窄　　C 软　　D 硬　　E 松　　F 紧

4. 老师今天的语气很________，他真的很生气。

A 轻　　B 重　　C 软　　D 硬　　E 松　　F 紧

5. 他的心很________，他什么都不放在心上。

A 轻　　B 重　　C 软　　D 硬　　E 大　　F 小

6. 他的心很________，他离开家以后一次都没回去。

A 轻　　B 重　　C 软　　D 硬　　E 松　　F 紧

7. 他的心很________，孩子只要一哭，他就受不了。

A 轻　　B 重　　C 软　　D 硬　　E 松　　F 紧

8. 老师一向嘴________，从来没有透露过考试内容。

A 轻　　B 重　　C 软　　D 硬　　E 松　　F 紧

9. 她不仅人长得漂亮，嘴也很________。

A 苦　　B 甜　　C 软　　D 硬　　E 松　　F 紧

10. 就因为你这个月手太________，我们的生活费不够了。

A 苦　　B 甜　　C 软　　D 硬　　E 松　　F 紧

词语填空和造句等大量反复的机械性练习，能让学生更好地巩固单音节形容词的词义和用法区别。

高质量的教学辅助工具，如词典和教材，仍然对留学生深入理解和熟练运用单音节形容词有重要的意义；同时，这样的词典对我国汉语教学和文化传播也有重要意义。因此，如何打造用户友好的对外汉语词典，为留学生群体提供更好的学习资料，是未来另一个值得研究和探讨的内容。相信在词典释义、教学方法探索、反复练习三个方面有所突破，单音节形容词的学习将不再成为留学生棘手的难题。

结　语

形容词是汉语词汇系统中的重要组成部分，其研究价值和地位不言而喻，其研究主要集中在本体研究、汉外对比研究，以及对外教学研究上。目前，关于单音节形容词释义内容研究相对较少，大部分释义研究仍然较多停留在传统释义阶段，汉语学界还没有从单音节形容词义项搭配主体的语义特征角度对词典中单音节形容词的释义进行全面描写和分析的研究。

本书从第二语言学习者的角度，以“新 HSK 六级汉语考试水平词汇（5 000 词）”里的 126 个单音节形容词为研究对象，以现代汉语单音节形容词中情状类 14 个现代汉语单音节形容词“宽”“窄”“软”“硬”“紧”“松”“重”“轻”“好”“坏”“苦”“甜”“贫”“安”为研究对象，在已有研究的基础上以生成词库理论为指导，结合语料库技术和概念整合理论，在《现汉》的基础上，参考其他汉语和英语词典，对 14 个单音节形容词的义项进行了重新划分与描写，提出对应的优化方案，最后按照“主体论元+物性角色”原则归纳出其义项分布规律以提高形容词释义的准确性、完整性与系统性。现总结形容词义项划分和描写的方法，以及生成词库理论在其中的作用，具体如下。

第一，语料库技术的使用使单音节形容词释义更加科学。

本书采用语料库技术，定量提取真实语料并建立平衡语料库，重新进行义项标注，然后对词典形容词释义义项划分问题进行了研究。通过这一方法，可以摆脱了以往靠语感为依托编纂辞书这一传统学术范式，转向实证化、计量化研究新范式，通过翔实的资料搜集、科学数据分析，以构建可量化、可比指标体系，探索出现代汉语中单音节形容词义项的分布规律。

第二，生成词库理论使形容词的义项划分和描写更具有科学性。

本书在描写单音节形容词义项时共选取了 6 种物性角色。具体如下。

① 形式角色：形式角色指物体的外在特征，包括形状、大小、味道、硬度等方面。如“苦”，当其表示“像胆汁或黄连的味道”时，形式角色是“味道”，凸显味觉维度；“宽”表示“从左到右横向距离大”时，形式角色是“距离大”，凸显的是物体的空间维度。

② 施成角色：施成角色说明物体的来源或者解释现象产生的本质。如“苦”表示“形过度劳作或生病使人在身体或精神上感到非常不舒服”时，施成角色是“过度劳作或生病”；表示“动由于某些外在原因使事物受到不良影响或损耗”时，施成角色是“某些外在原因”。

③ 功用角色：功用角色指所指事物对人的作用和影响。如“甜”表示“形语言和顺，让人听了舒服”时，功用角色是“让人听了舒服”；表示“形（人或事物）外形可爱，让人看了着迷”，功用角色是“让人看了着迷”。

④ 评价角色：评价角色指人对所描述事物的评价。如“苦”表示“形人感觉不愉快、难过”时，“不愉快、难过”是人对自身所处情况的主观评价；表示“形客观物质或经济条件处于匮乏状态”时，“匮乏状态”就是对“客观物质或经济条件”的评价角色。

⑤ 行为角色：行为角色指所指事物的行为或活动。如“轻”表示“（言行）不慎重考虑，随意”时，“不慎重考虑”就是人的行为角色；“重”表示“对某人或事很在意，认为很要紧”时，“很在意，认为很要紧”是人的感知，

也属于行为角色。

在采用描述性话语释义的过程中，通过分析单音节词各义项涉及的物性角色和论元角色，既为哪些内容能进入释义提供了依据，也使得单音节形容词在采用物性角色和论元角色释义时形成了自己的框架，最终提高了单音节形容词释义的准确性与系统性。

第三，改进释义模式和教学方法。

本书将形容词的释义研究结果运用到对外汉语形容词汇的教学中去，制定相应的教学策略，希望能为外汉语教育教学提供可供参考的建议。通过在课堂中结合语境，分析语素的构词功能、分析语素义的方法，可以有效地指导学生掌握构词规律、理解词义，并提高应用词汇、记忆词汇、扩大词汇量的能力，这种研究的思路可以用于新词语或者新的短语的研究，我们可以根据物性结构理论对一些语素义与词义间关系并不密切的词语和短语进行最底层的阐释描写，形成词典，便于外国人学习汉语。

本书仍存在一些不足之处，一是由于本人时间、精力有限，本书仅根据使用频率选取了 7 大类 14 个单音节形容词作为研究对象，未能对全部单音节形容词进行综合研究。二是由于作者外语水平的限制，只选取了英语词典作为参考，优秀的词典远不止如此，故研究还存在一定的局限性。三是由于作者学术水平尚浅，教学实践经验不够丰富，对相关理论的积累、考虑问题的方法仍有局限性，使得本书对单音节形容的研究尚存在一些不足之处。上述不足，有待作者在今后进行更深入的研究和探索。

参考文献

［1］安汝磐、赵玉玲. 形容词用法词典［M］. 北京：金盾出版社，2009.
［2］北京语言学院语言教学研究所. 现代汉语频率词典［M］. 北京：北京语言学院出版社，1986.
［3］戴安娜·丽·詹妮弗·布拉德贝里. 牛津高阶英语词典［M］. 10 版. 牛津：牛津大学出版社，2020.
［4］段玉裁. 说文解字注［M］. 北京：中华书局，2013.
［5］谷衍奎. 汉字源流词典［M］. 北京：语文出版社，2008.
［6］柯林斯公司. 柯林斯高阶英语学习词典［M］. 9 版. 纽约：哈珀柯林斯出版社，2018.
［7］李禄兴. 新 HSK5000 词分级词典（六级）［M］. 北京：北京语言大学出版社，2014.
［8］李行健. 现代汉语规范词典［M］. 北京：商务印书馆，2014.
［9］培生教育有限公司. 朗文当代高级英语辞典［M］. 6 版. 埃塞克斯：培生教育有限公司，2014.
［10］中国社会科学院语言研究所词典编辑室. 现代汉语词典［M］. 7 版. 北

京：商务印书馆，2016.
[11] 苏新春. 现代汉语分类词典［M］. 北京：商务印书馆，2013.
[12] 孙全洲. 现代汉语学习词典［M］. 上海：上海外语教育出版社，1995.
[13] 许慎，徐铉，王宏源. 说文解字（现代版）［M］. 北京：社会科学文献出版社，2005.
[14] 姚小平. 汉英词典［M］. 3 版. 北京：外语教学与研究出版社，2009.
[15] 张志毅. 当代汉语学习词典［M］. 北京：商务印书馆，2020.
[16] 符准青. 词义的分析和描写［M］. 北京：语文出版社，1996.
[17] 黄建华. 词典论［M］. 上海：上海辞书出版社，2001.
[18] BÉRARD H. 英语词典编纂史［M］. 北京：商务印书馆，2016.
[19] 李德俊. 语料库词典学：理论与方法探索［M］. 南京：译林出版社，2015.
[20] PUSTEJOVSKY J. The generative lexicon［M］. Cambridge：MIT Press，1995.
[21] 宋作艳. 生成词库理论与汉语事件强迫现象研究［M］. 北京：北京大学出版社，2015.
[22] 宋作艳. 生成词库理论与汉语研究［M］. 北京：商务印书馆，2018.
[23] 王启龙. 现代汉语形容词计量研究［M］. 北京：北京语言大学出版社，2003.
[24] 张国宪. 现代汉语形容词功能与认知研究［M］. 北京：商务印书馆，2006.
[25] 章宜华. 基于用户认知视角的对外汉语词典释义研究［M］. 北京：商务印书馆，2011.
[26] 章宜华，雍和明. 当代词典学［M］. 北京：商务印书馆，2007.
[27] 张志毅，张庆云. 理论词典学［M］. 北京：商务印书馆，2015.
[28] 张志毅，张庆云. 词汇语义学［M］. 3 版. 北京：商务印书馆，2012.

［29］赵艳芳. 认知语言学概论［M］. 上海：上海外语教育出版社，2001.
［30］朱翠萍. 现代汉语状态形容词语义研究［M］. 北京：光明日报出版社，2011.
［31］朱德熙. 语法讲义［M］. 北京：商务印书馆，2018.
［32］黄典诚. 释“紧”［J］. 辞书研究，1986（3）：148-149,154.
［33］焦子桓，艾红娟. 汉英内外型词典义项精细度对比研究［J］. 九江学院学报（社会科学版），2020，39（4）：105-108.
［34］李尔钢. 形容词释义论［J］. 辞书研究，2010（4）：11-21.
［35］李强. 汉语形名组合的语义分析与识解——基于物性结构的探讨［J］. 汉语学习，2014（5）：42-50.
［36］李强，袁毓林. 从生成词库论看名词的词典释义［J］. 辞书研究，2016（4）：12-26，93.
［37］李强，袁毓林. 生成词库理论和名词语义的结构描述与概念解释［J］. 语言学论丛，2019（1）：263-295.
［38］李仕春. 基于语料库的现代汉语“黄”字义项分布研究［J］. 中国海洋大学学报（社会科学版），2016（5）：103-109.
［39］李仕春. 中国语文辞书的分期问题［J］. 湖北大学学报（哲学社会科学版），2017（1）：109-115.
［40］李仕春. 基于日常生活经验的语文辞书释义研究［J］. 鲁东大学学报，哲学社会科学版，2021，38（5）：1-6.
［41］李仕春，王成. 设立现代汉语词汇学与词典学国家级大型项目的可行性分析［J］. 殷都学刊，2020（3）：115-120.
［42］宋作艳. 功用义对名词词义与构词的影响——兼论功用义的语言价值与语言学价值［J］. 中国语文，2016（1）：44-57.
［43］谭景春. 关于由名词转变成的形容词的释义问题［J］. 辞书研究，2001（1）：21-29.

[44] 谭景春. 谈谈词典释义的三条基本原则——以《现代汉语词典》第 6 版释义修订为例 [J]. 辞书研究，2015（2）：20-21.

[45] 王恩旭. 生成词库论的语义组合体系 [J]. 大连海事大学学报（社会科学版），2019（5）：112-122.

[46] 王恩旭，郭智辉. 辞书释义方法的演变研究 [J]. 鲁东大学学报（哲学社会科学版），2020，37（6）：1-10.

[47] 王恩旭，袁毓林. 词义中物性角色的分布及其对词语释义的影响——以”颜色语素+名物语素”复合词为例 [J]. 外国语，2018，41（2）：34-41.

[48] 王健. 从生成词库理论的角度看英语和汉语的差异 [J]. 常熟理工学院学报，2009（9）：92-96.

[49] 魏雪，袁毓林. 基于语义类和物性角色建构名名组合的释义模板 [J]. 世界汉语教学，2013，27（2）：172-181.

[50] 翁晓玲. 试论形容词释义——以《现代汉语词典》为例 [J]. 阜阳师范学院学报（社会科学版），2011（3）：45-48.

[51] 应雨田.《现代汉语词典》释义指瑕 [J]. 武陵学刊，2014（4）：126-130.

[52] 袁毓林. 形容词的语义特征和句式特点之间的关系 [J]. 汉藏语学报，2013（1）：147-166.

[53] 袁毓林. 基于生成词库论和论元结构理论的语义知识体系研究 [J]. 中文信息学报，2013，27（6）：23-30.

[54] 张辉，范瑞萍. 形名组合的意义建构：概念整合和物性结构的杂合分析模式 [J]. 外国语，2008（4）：38-49.

[55] 张念歆，宋作艳. 汉语形名复合词的语义建构：基于物性结构与概念整合理论 [J]. 中文信息学报，2015（6）：44-53.

[56] 张秀松. 从生成词库论看汉语词的逻辑多义性 [J]. 北方论丛，2008

（3）：52-55.

［57］张秀松，张爱玲. 生成词库论简介［J］. 当代语言学，2009（3）：267-271.

［58］张志毅. 辞书强国——辞书人任重道远的追求［J］. 辞书研究，2012，（1）：1-9.

［59］赵春利，石定栩. 形容词与名词的语义组合模型研究［J］. 中文信息学报，2009，23（5）：9-24.

［60］周统权. “上”与“下”不对称的认知研究［J］. 语言科学，2003（1）：39-50.

［61］胡苏. 单音节形容词反义结构的考察［D］. 南京：南京大学，2006.

［62］李芳棋. 基于生成词库论的现代汉语动物词义项分布研究［D］. 重庆：西南大学，2022.

［63］李泉. 单音形容词原型性研究［D］. 北京：北京语言大学，2005.

［64］刘鸿雁. 基于语料库的日本留学生单音形容词习得偏误研究［D］. 保定：河北大学，2011.

［65］罗荣. 外国留学生习得单音节量度形容词调查研究［D］. 昆明：云南大学，2020.

［66］马云静. 汉语单音形容词及留学生习得偏误考察分析［D］. 保定：河北大学，2008.

［67］任永军. 现代汉语空间维度词语义分析［D］. 延吉：延边大学，2000.

［68］王婷婷. 汉语增饰词的基元——同场释义研究［D］. 南京：南京师范大学，2011.

［69］翁晓玲. 基于元语言的对外汉语学习词典释义模式研究［D］. 上海：华东师范大学，2011.

［70］吴颖. 现代汉语单音节形容词语义结构研究［D］. 上海：上海师范大学，2002.

［71］亚瑟. 现代汉语形容词用法研究［D］. 上海：上海师范大学，2019.

［72］姚乃嘉. 基于对外汉语单音节反义形容词对称性研究以垂直向空间维度反义词形容词为例［D］. 济南：山东大学，2018.

［73］杨清梅. “轻”“重”不对称研究及留学生偏误分析［D］. 福州：福建师范大学，2015.

［74］于屏方. 动作义位释义的框架模式研究［D］. 广州：广东外语外贸大学，2006.

［75］赵春利. 形名组合的静态与动态研究［D］. 广州：暨南大学，2006.

［76］赵敬允. 现代汉语单音节形容词的认知语义研究［D］. 上海：复旦大学，2011.

［77］崔希亮，张宝林. 全球汉语中介语语料库［EB/OL］.［2025-01-01］. http://qqk.blcu.edu.cn.

［78］詹卫东，郭锐，谌贻荣. 北京大学中国语言学研究中心 CCL 语料库［EB/OL］.［2025-01-01］. http://ccl.pku.edu.cn:8080/ccl_corpus.